河出文庫

スカートの下の劇場

ひとはどうしてパンティにこだわるのか

上野千鶴子

河出書房新社

目次

スカートの下の劇場

序

PRÉ-TEXTE

女だけの王国

本書は、二〇〇一年二月、小社より刊行された作品の文庫化です。

「下着＝性器を覆うもの」の祖型

人はいったい、いつごろから下着を身につけるようになったのだろう？ いや、遠まわしな言い方はやめよう。私はもっとも狭い意味の下着――つまり性器を覆うもの――にしか興味がないのだ。

バイブルは、人間が天上的な被造物から地上的な生きものになった時、最初にしたことはイチジクの葉で性器を覆うことだった、と教える。だとしたら下着は、人間の歴史とともに古いことになる。ほんとうに性器を覆うことは、インセスト（近親相姦）・タブーと同じくらい、人類にとって普遍的なのだろうか？

南米の裸族の中には、女も男も、性器さえ覆わないで暮らしている人々もいる。子どもたちはもとより「人間以前」の生きものだから、生まれたままの姿で走りまわっている。その彼らも、成人儀礼に際して、赤い腰ひもを裸の腰にゆわえつける。何かを隠す用にはならないこの腰ひもは、彼らが「人間」であるあかし、自然から文化へと移行した証明である。この腰ひもを結ぶのを忘れて人前に出た彼らは、あたかも裸であるかのように自分の身を恥じる。

だとしたら、この一本の腰ひもが下着の原型なのだろうか。いやむしろ、これは自然と文化、私と公とを分かつ文化的なシンボル、もっとも最小限の衣服と考えた方がいいだろう。この衣服の原型にとって、性器を覆うことは、とくべつのしるし（マーカー）にはなっていない。

最初の関心にもどろう。人はなぜ性器を覆うのか。

この問は、私にいつも、ニューギニア高地人のペニスケースを思い起こさせる。性器を覆う最小限の容れもの、だが同時に隠してあらわすもの。性器を覆うことには、いつもこの両極の相反する志向が潜在しているように見える。ニューギニアのペニスケースは、その意味でももっとも典型的にこの両価性を象徴している。

ニューギニア高地人のペニスケースは、土地の特別なひょうたんを用いて作られる。彼らはそれをさまざまなサイズに伐りとり、ペニスを覆ってその先端を腰にまわした紐《ひも》で固定する。男たちはこの姿のまま闘いに行き、耕作し、ダンスをする。ペニスケースがサポーターのような機能的な目的でつくられたとはとても信じられない。ニューギニア高地人は、その攻撃的な「女嫌い」の文化で有名だが、男たちは、生物学的に与えられた性器を隠し、代わりにもっと象徴的な代替物でそれを誇示する。彼らは、あらわすために隠す。

日本の男たちのふんどしは、ペニスケースに比べれば、まだ機能的な役割を果たしてい

ペニスケースをつけ鳥の仮装をして踊るニューギニア高地人（*Man* 6-2, 1971）

クラナッハ一布と裸体。右＝「キリストの磔刑」上＝「ビーナスとキューピット」

るように思える。だが力士のまわしが闘いのためのものであるように、ふんどしをしめた男たちは、ふんどしをしめない男たちより、より男らしく見える。ゆるふんということばが男らしさの喪失、を意味するように。

日本の下着の文明開化

女たちもまた古代から、ふんどし様のものをしめていた。月のものの訪れる時に、彼女たちは、いわゆるT字帯状のものをしめたようである。女にとって下着が必要なのは、月に一度、その機能的な目的のためだけであったらしい。その他の時は、女たちはただ腰布で下半身を覆っていたにすぎない。

脚の間に食いこんで、性器にぴったり密着する布切れとしての下着の観念が、日本にはじめて紹介された時、このアイディアは保守的な人々を震えあがらせたらしい。性器に密着して、歩くたびに性器にささやきかける小さな布切れ——彼らは、良家の子女が自転車に乗るのを禁止したように、女たちが下ばきを穿くのを憂えた。もっとも初期の頃の女の下ばきは、ゆったりとしたブルマー・スタイルの、身体に密着しないものだった。

明治末期から大正年間にかけて大衆消費文化が花開いた頃、名のある呉服店の多くはつぎつぎに百貨店に模様替えをしていった。それと同時に、男の丁稚に代わって女店員を雇うようになる。ＯＬのパイオニアの一種である。その一つ、白木屋デパートで火災が発生した時、和装姿の女店員の多くは、梯子車の救助に応じるのを拒否して、煙にまかれて死んだ。火事現場に何人もの野次馬がつめかけている中で、万人注視のうちに下ばきをつけていない下半身をのぞかれるのを恥じたから、と伝えられている。この事実は、逆に、この時期になっても女たちの多くは、下ばきをつける習慣がなかったことを例証する。和服姿でいるかぎり、彼女たちはその必要もなかった。現に明治十九年生まれの私の祖母は、死ぬまでじゅばん以外には下ばきというものを身につけなかった。

あらわすために隠すのか

この下着、性器を覆い性器に密着する小さな布切れ――ここから先は「パンティ」と呼ぶことにしよう――は、だとすればほんのまたたくうちに世界中を席捲し、日本の女たちをも侵略したように見える。時間的には半世紀にも満たないことだろう。しかも布切れの量はますますミニマム（極小）になり、ビキニからハイレグ・カットへ至ると、ほとんどＴ字帯の原型に近くなる。その極限はストリッパーのバタフライであろう。ストリッパー

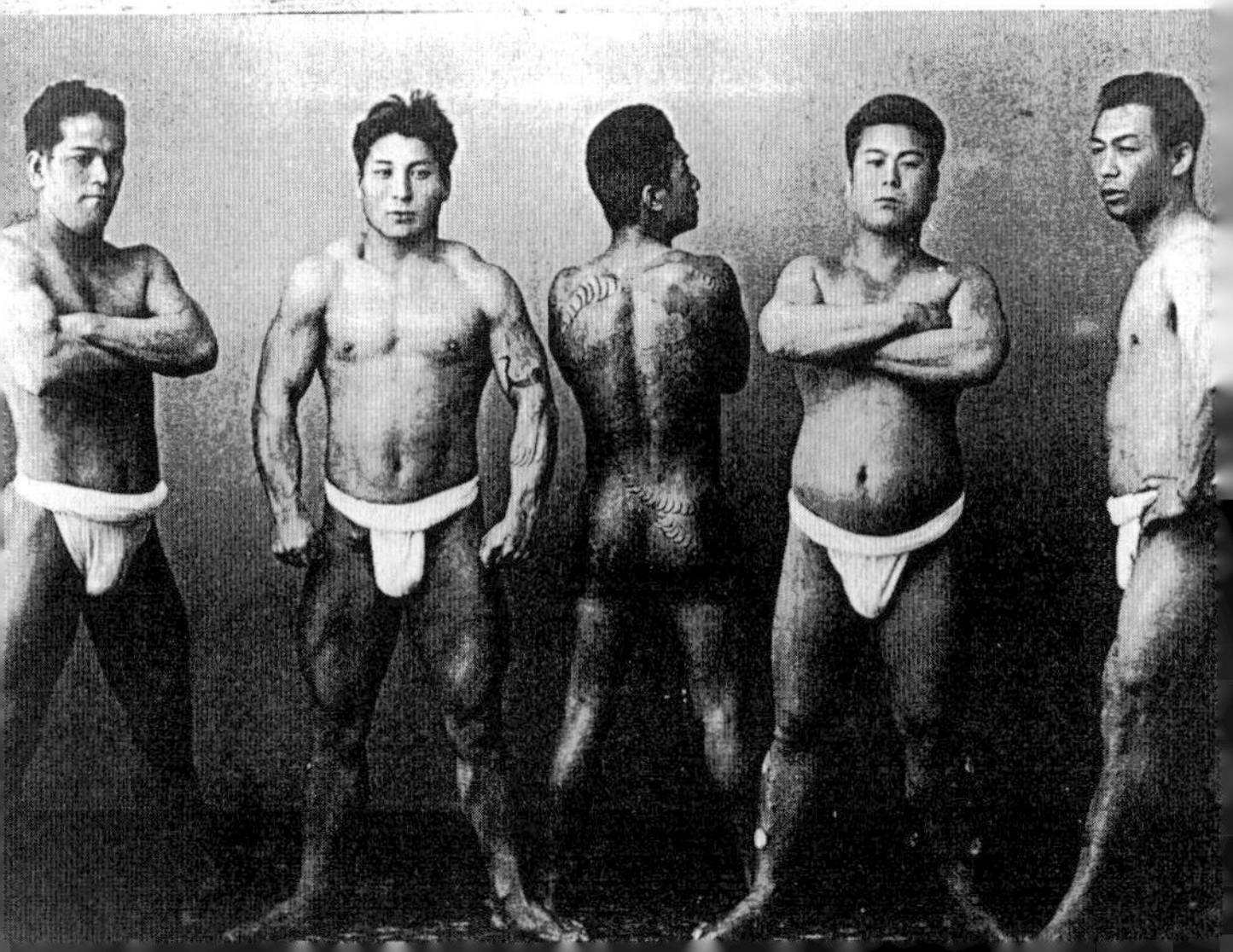

湯浴みする女たち（上）とふんどしを締めた男たち（下）いずれも明治初期の風俗写真より

ふんどしは男らしさの証。明治末の力士と相撲部屋の風景

のバタフライは、ただ最後にそれを取り去るためだけにある。それを取り去る前に、性器がそこにあることを、誇示するためだけにある。あらわすために隠すのでなければ、バタフライには何の意味もない。

女たちのパンティとそれに対する男たちのファンタジーは、ただそれによって隠されたものへの想像をかきたてるためにだけ、あるように見える。パンティ姿のオンパレードは、女たちのカントのカタログより、もっと猥褻《わいせつ》でセクシーなことだろう。なぜなら、現実より想像の方がいつでも豊かだから。だから下着フェティシズムの男は、盗んできた下着が包んでいたはずの現実の女のボディより、ほんとうを言うと下着そのものの方を——その下着がかきたてる彼自身の妄想の方を——もっと愛しているのだ。

性器や性毛を公衆の目にさらしてはならないという日本の奇妙な倫理コードは、そのせいで逆に世にも猥褻なビニ本文化を日本にはびこらせた。アメリカのむき出しの性表現に慣れた眼にさえ、日本のビニ本はより猥褻に見える。すけたパンティからほの見えるワレメは、ほんもののカントより「劣情」をそそる。というのも、彼らがそこに見るのは、ほんもののカントではなく彼ら自身の欲望だからだ。

女はいかなる基準でパンティを選ぶか

「今日はどんなパンティを穿いているの？」

「あててごらん」

「ウーン、小花模様」

「いやん、どうしてわかったの。見たのね」

「ごめん、ごめん。当てずっぽうさ。たいがいの女の子は花柄のパンティを穿いてるからね」


一見無垢な会話。しかり、カントは取り替えることができませんが、パンティは取り替えることができます。ほんの二、三十年の間に、パンティの選択の幅はおそろしく多様になった。

ところで女はどういう基準でパンティを選ぶのだろうか？　それが長い間、私には謎だった。多くの男性たちにとっても、この問いは魅惑的な謎だろう。

女たちはパンティを、いつかそれを脱ぐ時を想定して選ぶのだろうか。男の目にさらされるのを予期して、男の目を喜ばすような種類を選ぶのだろうか？

ストリップ・ティーズ――隠蔽と誇示（*Strip Tease*, Octopus Books Limited, 1976）

undo your
ventive

Snakes . . .

. . . and ladders.

ストリング・プレイ——焦らしのテクニック（同前）

男との出会いが予期される日に、女たちが慎重にパンティを選ぶのを私は知っている。だが、そうでない日にも、女たちはその日どんなパンティを穿いていこうか迷う楽しみを、抑えることができない。それは女たちが予期しない出来事に、いつも準備を怠らないからなのだろうか。しかし現実の生活には、そんなアフェアはそうもあるものではない。女たちは、その日何も起こらない——とつぜん見知らぬ男に誘惑されもせず、マンホールから吹き上げる風にスカートをめくり上げられることもなく、高く組んだ脚の間を向かいの席からのぞかれることもなく過ぎても、やはりその日どんなパンティを穿いていこうか迷う楽しみを味わう。そしてその日一日中、誰にも知られることなく、自分の穿いているパンティについて、ひそかな楽しみを味わいつづけることができる。

パンティ・コレクターの女

パンティ・コレクターは、女にもいるだろうか。パンティにフェティッシュな関心を示す者だけがコレクターになるとしたら、パンティ・コレクターはほとんど男にしかいないように思える。だが、私は女性のパンティ・コレクターに会ったことがある。女のコレクターは、パンティの何にフェティッシュなのだろうか。

彼女は四十代半ばの裕福な主婦。おそらくは夫を裏切ったことはないが、自分が肌を見せたかかりつけの主治医に、病的な性的オブセッション（強迫観念）を持っていた。彼女のコレクションを見せてもらった私は、そのコレクションのあまりの少女趣味ぶりから、彼女の性的固着のありかたをよく理解した。彼女はそのフリルやレースや花柄のパンティに包まれる自分の無垢なボディに、ナルシスティックな固着を持っているように見えた。

「その日の気分や着ているものによって、パンティを選びますわねえ。それを穿いていると思うと、その日一日中、気持いいものですよ」

と彼女はうっとりと答えた。

セックス・アピールとナルシシズム

女がパンティを選ぶ時の基準は、二つあるように思える——一つは言わずもがなのセックス・アピール。もう一つはナルシシズムである。別な言葉で言いかえれば、それが男にどう見えるか、ということと、それが自分自身にどう見えるか、ということである。そしてこの二つはしばしば一致しない。そして私には、男たちがセックス・アピールという基準の方を過大評価しているように見える。

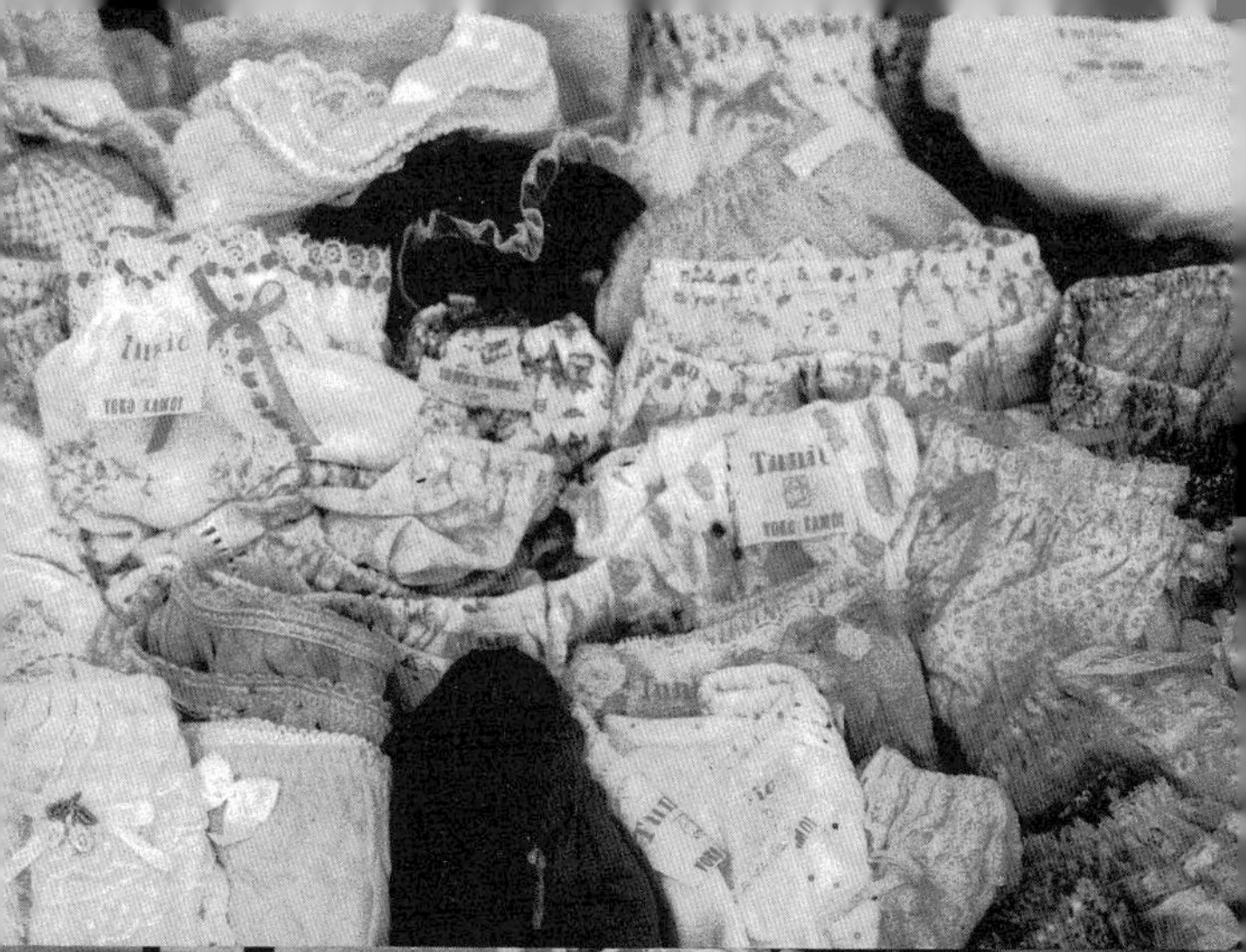

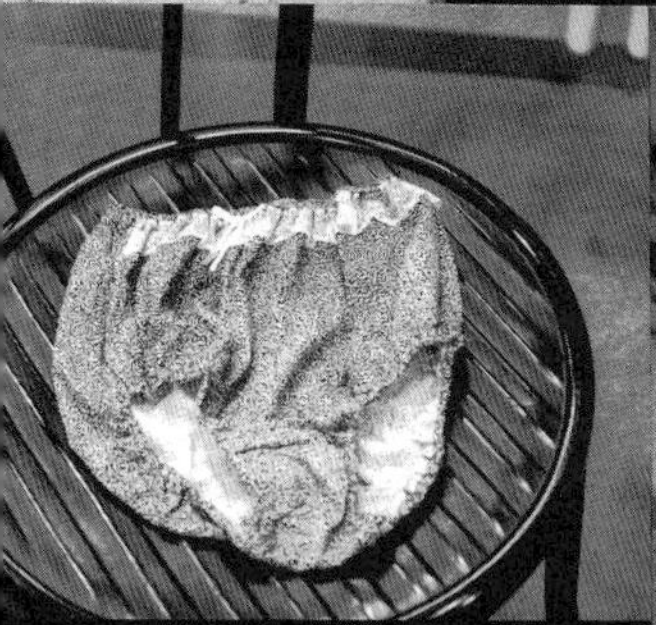

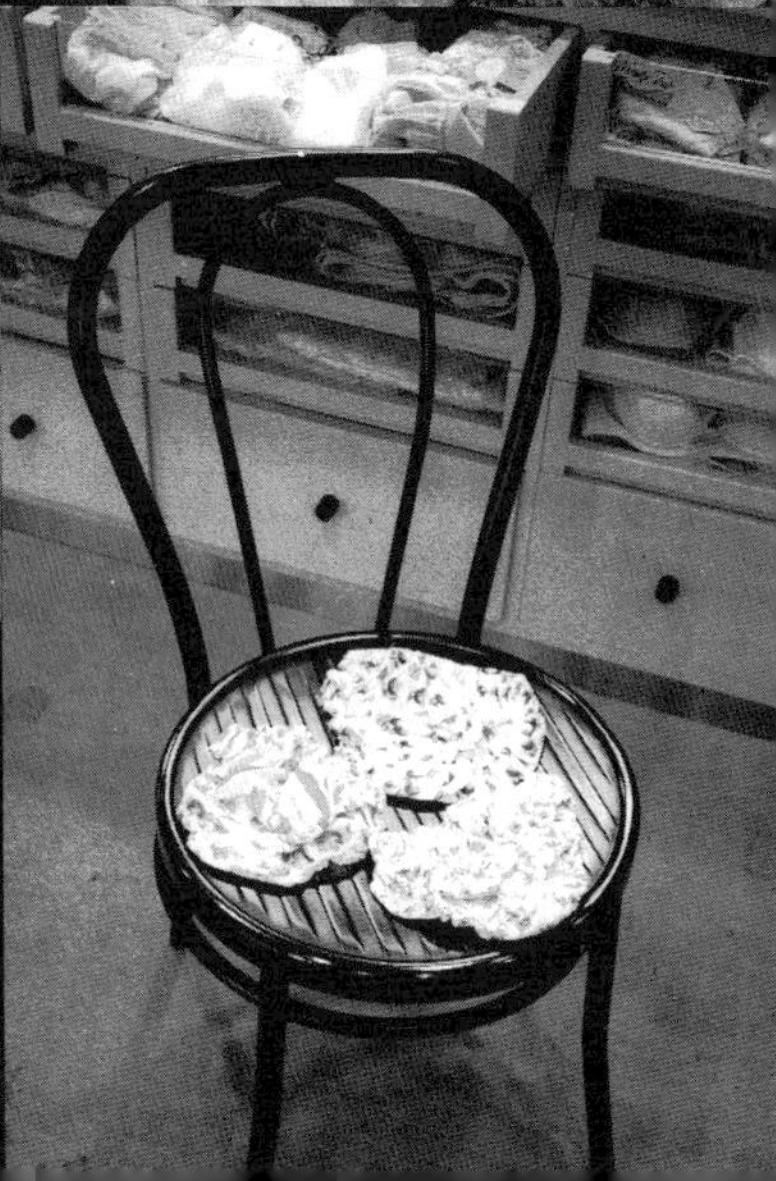

40代のメルヘン路線。パンティ・コレクターの女性の下着と無垢な身体像（撮影＝著者）

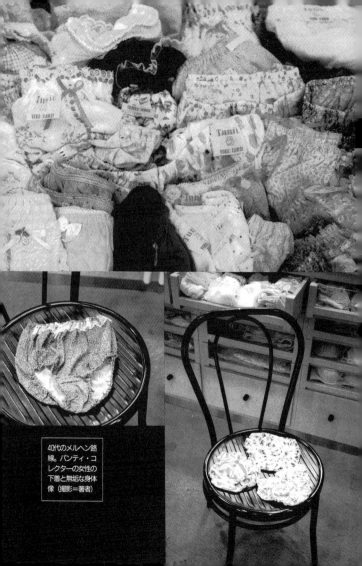

FRENCH
WINDOWS

Snapshots, taken from my armchair…

マダムのひそかな
楽しみ——着換え
(*La Vie Parisienne*)

もちろん、セックス・アピールとナルシシズムというこの二つの基準は、あらゆるファッションについてあてはまる。だが、パンティが性器に極限的に近いために、男たちはパンティを、直接的に性的なものと勘違いする。結局のところ、その日穿いて出たパンティは、誰の目にも触れずに終わるのだ。そして男たちは、自分たちが女のパンティを見るのは、それが自分たちの目にさらされた時だけだ、ということをすっかり忘れている。

このセックス・アピールとナルシシズムという二つの基準のくいちがいは、男が好ましいと思うパンティと女が自分自身のために選ぶパンティとのずれとして、はっきり視覚化される。私はボディ・イメージの研究を通じて、男が女のボディに思い描くファンタジーと、女が女自身のボディに持つナルシスティックなイメージとの間には、大きな落差があることをますます確信するようになった。そして通常男たちは、この女の王国の存在に気づかない。

男の妄想と女の固着のズレ

その落差は、女向けの下着カタログと男向けの（女の）下着のカタログとを見くらべてみると、よくわかる。アメリカには、男たちに宛てて送られてくる女の下着のカタログが

セックス・アピール路線――アメリカの《男性向け》女性下着カタログ

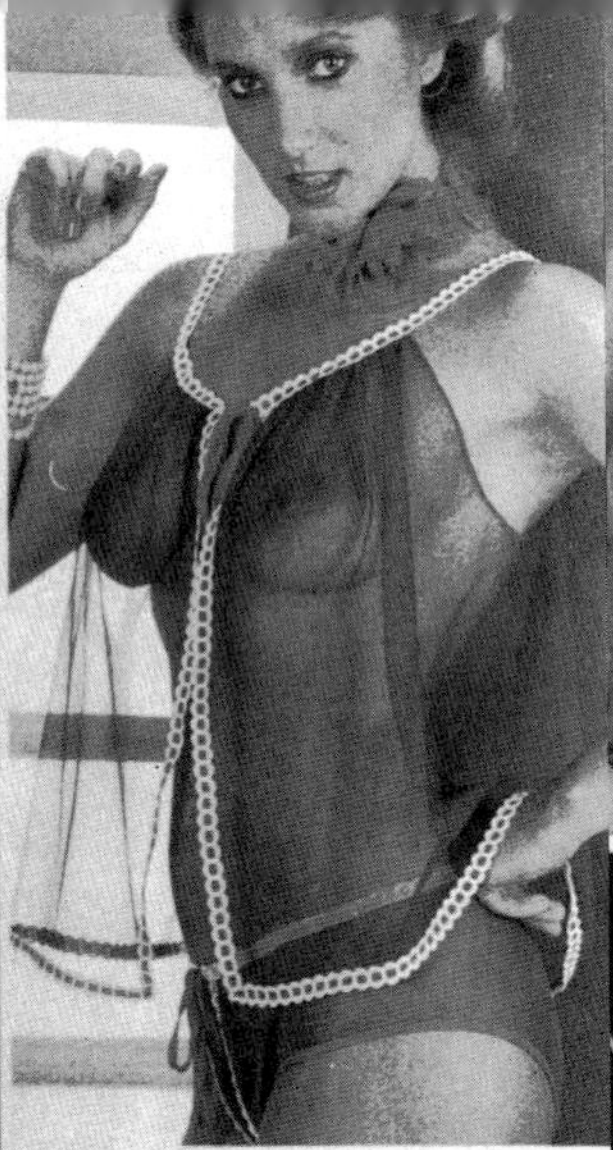

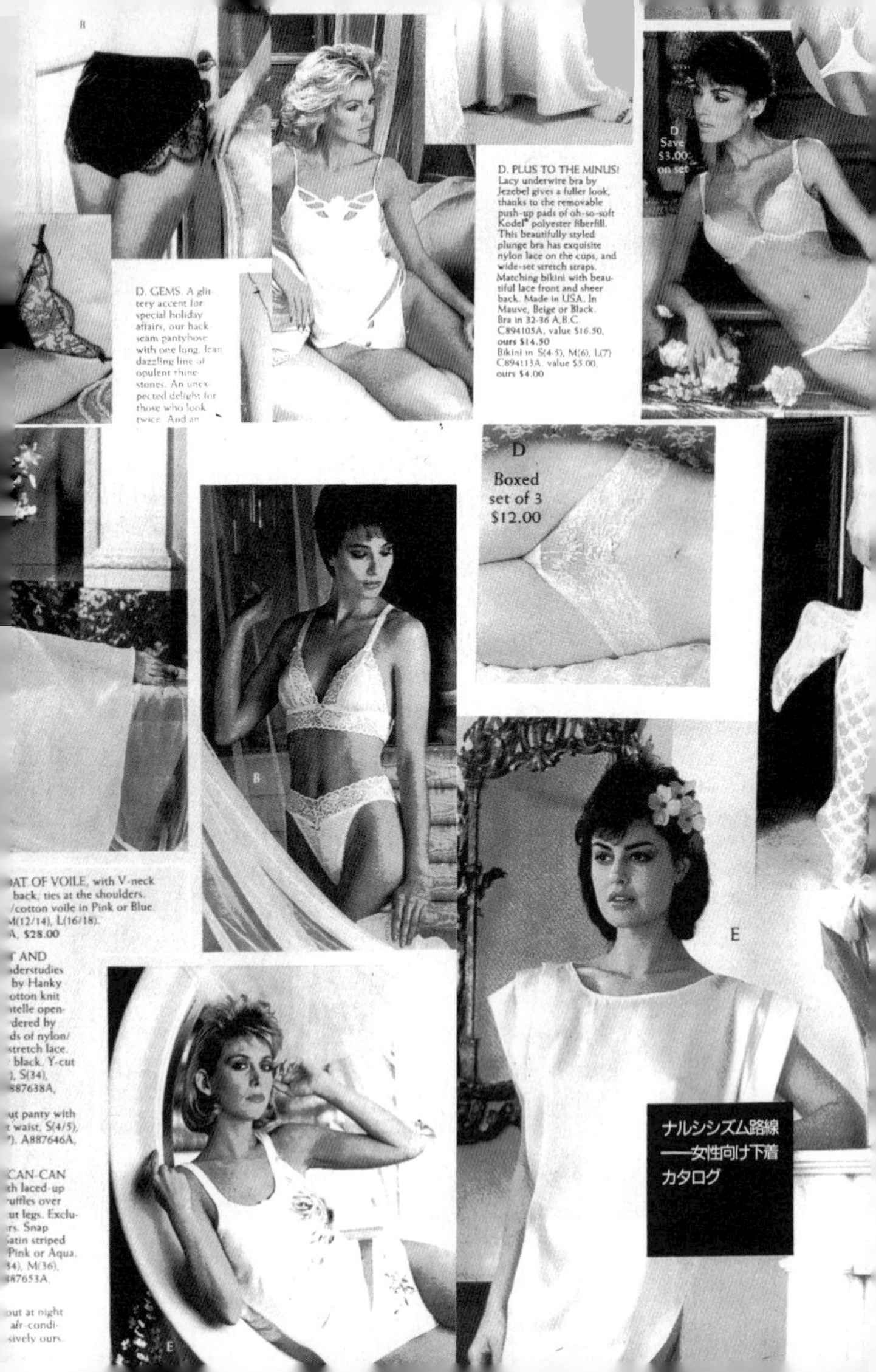
B
D. GEMS. A glit-
tery accent for
special holiday
affairs, our back
seam pantyhose
with one long, lean
dazzling line of
opulent rhine-
stones. An unex-
pected delight for
those who look
twice. And an
D. PLUS TO THE MINUS!
Lacy underwire bra by
Jezebel gives a fuller look,
thanks to the removable
push-up pads of oh-so-soft
Kodel® polyester fiberfill.
This beautifully styled
plunge bra has exquisite
nylon lace on the cups, and
wide-set stretch straps.
Matching bikini with beau-
tiful lace front and sheer
back. Made in USA. In
Mauve, Beige or Black.
Bra in 32-36 A,B,C.
C894105A, value $16.50,
ours $14.50
Bikini in S(4-5), M(6), L(7)
C894113A, value $5.00,
ours $4.00
D
Save
$3.00
on set
D
Boxed
set of 3
$12.00
B
E
E
OAT OF VOILE, with V-neck
back; ties at the shoulders.
/cotton voile in Pink or Blue.
M(12/14), L(16/18).
A, $28.00
T AND
nderstudies
by Hanky
otton knit
ntelle open-
dered by
ds of nylon/
stretch lace.
black. Y-cut
), S(34),
887638A,
ut panty with
t waist, S(4/5),
7), A887646A,
CAN-CAN
th laced-up
ruffles over
ut legs. Exclu-
rs. Snap
Satin striped
Pink or Aqua.
34), M(36),
887653A.
out at night
air-condi-
sively ours.

ナルシシズム路線
——女性向け下着
カタログ

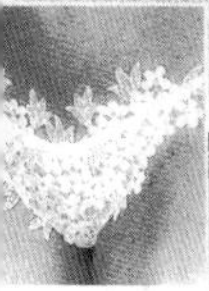

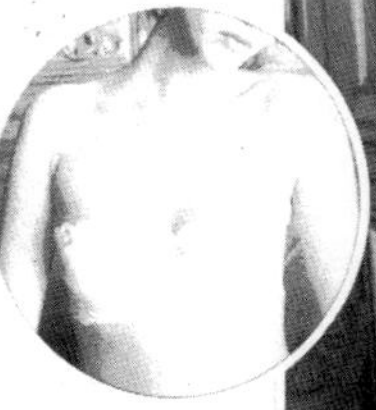

or special
ccasions. . .

9 to make any day especially romantic, lace intimates from Dolores Pottette. In basic shades of ige and White . . . a must for des. Also in Black

ontcup underwire Bra, a style low necklines. (32-38 B,C) . 197-871 $18

ong Bikini, pleasing accent to bras and merry widow. M, L. No. 197-768 $11

rter Belt . . . of course! M, L. No. 197-789 $15

rry Widow. Point d'esprit lace th floral lace at the cup and tations ruffle. French garters, tachable straps, and hooks on the back. (32-38 B) . 197-870 $5

oven inset, the Strapless Bra th fiberfill-lined cups to shape d support beautifully. 2-38 B,C,D) No. 197-873

D. THE LACE JACKET THAT WON'T STA over an evening dress, over a sundress to take tioned restaurant and adds a pretty touch to y White nylon. P(32), S(34), M(36), L(38). A887

Wedding & shower gifts

Pure silk adorned with imported lace . . . mood enhancers by Therese of San Francisco.

G-String . . . a delightful alternative

Garter. For the for luck on a we capture the hon anytime. White ribbon, and Ch

ある。何のために？——表向き、カタログは「あなたの奥さんや恋人へのプレゼント」とうたっている。だがもちろん、それは体のいい言いわけにすぎない。妻や恋人のいない男たちも女の下着を買う。妻や恋人たちがいても、買う。彼らは女の下着を、自分のために、買う。

メイルオーダーとはよくできたシステムである。慎重なマーケット・セグメンテーションによってターゲットにされた独身の男たちのもとへ、そのカタログは届く。総カラーのカタログは、もちろん単価の安いものではないから、彼らはターゲットを選びぬかなければならない。男たちは注文カードを送るだけで、匿名性《とくめいせい》を保ったまま、数週間後には現物を手に入れることができる。なかには、ごていねいにも、小荷物の発送人欄を空白にしておこうという申し出もある。多くの会社は、たんにチャームだのビューティだの、何かよくわからないイノセントな名前をつけている。

その下着の多くは、たんにセクシーなだけでなく、セックスプレイのためのものである。乳房とカントの部分だけがくりぬかれた下着。タテに大きなワレメの入ったパンティ。一方では女のからだを締めつけ隠し誇張し、他方では女の性器を無防備にさらす。もしパートナーがいれば、男たちはこの種の下着をほんとうにセックスプレイに用いるだろうし、もしパートナーがいなくてもそれを所有しているだけで彼らは性的な妄想にふけるだろう。もちろん、なかには自分自身が身につけて倒錯的な喜びを味わう者もいる。

もう少し穏やかなものでも、色や形やパターンが、女の選ぶものよりずっとワイルドで挑発的である。女はほんとうに自分でこの種の下着を選ぶだろうか。女がセックス・アピールを基準に下着を選ぶ手つづきはまわりくどいものである——女は、男の目にアピーリングだろうと彼女が考えるものを、選ぶ。そしてもちろん、その選択には時々思いちがいがある。だから、セックス・アピールという基準を選ぶ時、女はすでに自分のボディを自分自身で客体化しているのだ。

女は、しかし、男たちの知らないところで、自分自身のボディにもっとナルシスティックに固着しているように見える。そうでなければ、あれだけおびただしい種類のパンティが、どうして消費されるのだろうか。観客のいないスカートの下の劇場で、女だけの王国が成立する。女のボディについてのセルフ・イメージが持つこの特権的なナルシシズムについて知らなければ、女の下着についての謎は解けないような気がする。

（初出＝「ｉｓ」三十七号）

1

歴史

下着進化論

機能と象徴

性器を隠す歴史を考えてみると、旧約聖書の失楽園にあるアダムとイブが知恵の木の実を食べて、イチジクの葉っぱをとって性器を隠したというところにまで遡ります。けれども、考えてみたら、性器を隠すというのは、そこに何か隠されているものがあるということを逆に誇示することになりますから、隠せば目立つというジレンマに最初から投げ込まれていたようなものです。一方、人類の衣服のなかでミニマム（極小）のものを考えてみますと、ニューギニアのペニスケースがその代表ですけれども、あれはもう隠しているというよりは、そこにあるものを誇示しているというふうにしか見えません。しかも下着の本来の目的である保護という役割を果たすどころか、かえってひどく不便で、機能性のない代物です。

男の下着について、このように隠して誇示する――現にあるリアルなものをフェイク（模造）なもので置き換え、置き換えることによってかえってそれを象徴として誇示する――という役割が認められるとしたら、女の下着についても同じことがいえないでしょうか。女の下着にはもともと、性器を隠す機能は必要ありません。女の性器は解剖学的な位置関係や形状からいっても、そのままでは外から見えない部分です。腰蓑《こしみの》みたいなものはありますけれども、腰蓑を下着といえるかどうか、腰蓑が性器を隠す目的を持っているかどうかは疑問です。

女の性器をミニマムの形で隠すものの起源を考えると、ひとつは、月経のときの最も機能的な役割をもったT字帯のようなものと、もうひとつは、ストリッパーが最後にとるバタフライ、つまりミニマムの性器隠しとの二つしか考えられません。つまり、機能と象徴です。

隠すことで価値が出る

隠すことによってタブーが発生し、そのことによって隠されたものの値打が上がった身体部位に、バストがあります。隠すことの象徴的意味という面からバストを考えてみます。

日本人がブラジャーをはじめた歴史というものはものすごく浅いのです。ほんの三十年ぐらい前までは、日本の女はだいたいどこでも平気で、公衆の面前で胸をはだけて赤ん坊におっぱいをやるというのが普通でした。おっぱいは母性の象徴で、性的シンボルではありませんでした。ブラジャーが入ってきたのはごく最近のことで、昔の絵画などをみたら、胸をあらわすことになんのタブー性もなかったことがはっきりします。ヨーロッパでも最近まではそうでした。隠せば見たい、隠すからバストの値打が高まる。隠さなければ別にそのへんに転がっているものですから、なんということはないのです。ヨーロッパ人でも、たとえばトップレスで日光浴をするのがふつうの北欧の人々にとっては、ことさらタブーを犯しているという気持などありません。トップレスを囃《はや》したてるのは日本人観光客ぐらいのものです。

考えると、隠さなければ何の値打もなかったのに隠したから値打が高まったというもののなかに、どうやら性器も含まれていたのではないかと思います。男性のペニスケースはその最たるものです。しかし、女性の性器を隠すものは、イチジクの葉の後どうなったのでしょうか。その意味では腰蓑を女性の衣服とか下着というものの原点だと考えることもできます。女性の性器隠しという意味では、日本の腰巻がそうです。

腰巻とよく似た衣服は、インドネシアのサロンをはじめ、世界中に広く分布しています。スカートも、もともと腰蓑の延長みたいなものだし、下半身を覆うという発想は早くからあったようです。しかし、下半身を覆うという考え方はあっても、性器そのものをミニマムの形で覆うという考え方は女性性器に関してはなかったのではないでしょうか。

衣服とか下着の歴史からみると、日本でほんのここ二十年か三十年ぐらいのあいだに、性器に密着するタイプのパンティが普及したということは、驚くべき変化だという気がします。

「パンティ＝T字帯」起源説

女の下着は、いつごろから性器にピタッと密着するタイプのものになったのでしょうか。パンティが体に密着しますと、当然のことですが、汚れます。昔は下穿《したば》きを汚さないということが女のたしなみのひとつでした。布切れを性器に密着させるというアイディアは、基本的には生理のとき以外にはなかったのです。それから考えていくと、いまのような股布が性器に密着するタイプのパンティの起源は二つしかありません。

一つは生理のときのT字帯です。ただ、T字帯が歴史的にみてどのぐらいポピュラーだったかはよくわかりません。もしかしたら、処女性というものが強調されるようになった時期以降にしか、T字帯というものは一般性をもたなかったのではないかと思います。一方ではタンポンの歴史は大変古くて、例えば日本の江戸の遊廓でタンポンを使っていたという記録があります。

それは絹を細く裂いて紐状にして、それを芯に固く巻きつけて紡錘状にしたものでした。

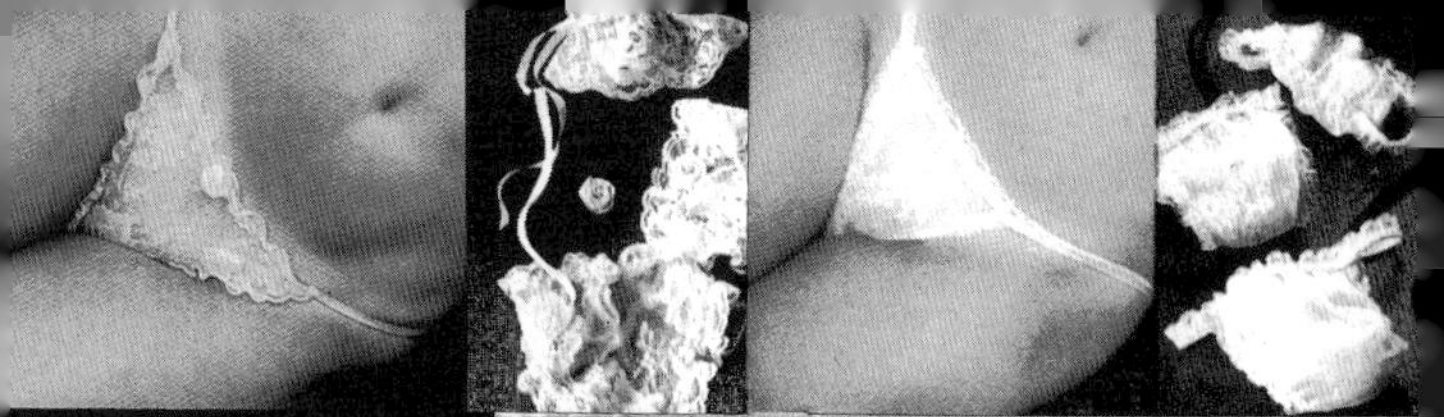

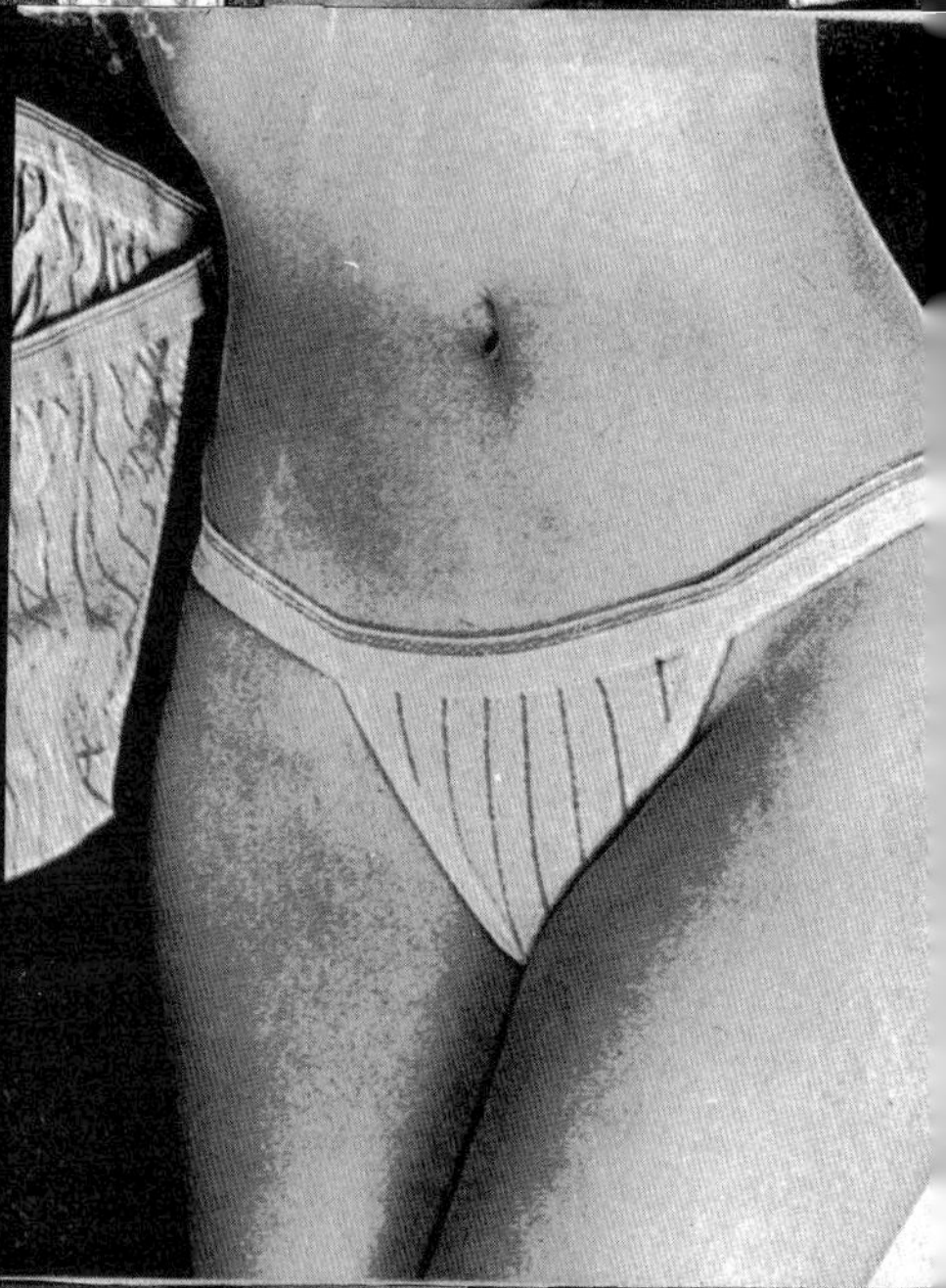

ますますミニマムに、ますますバタフライに近づくパンティ

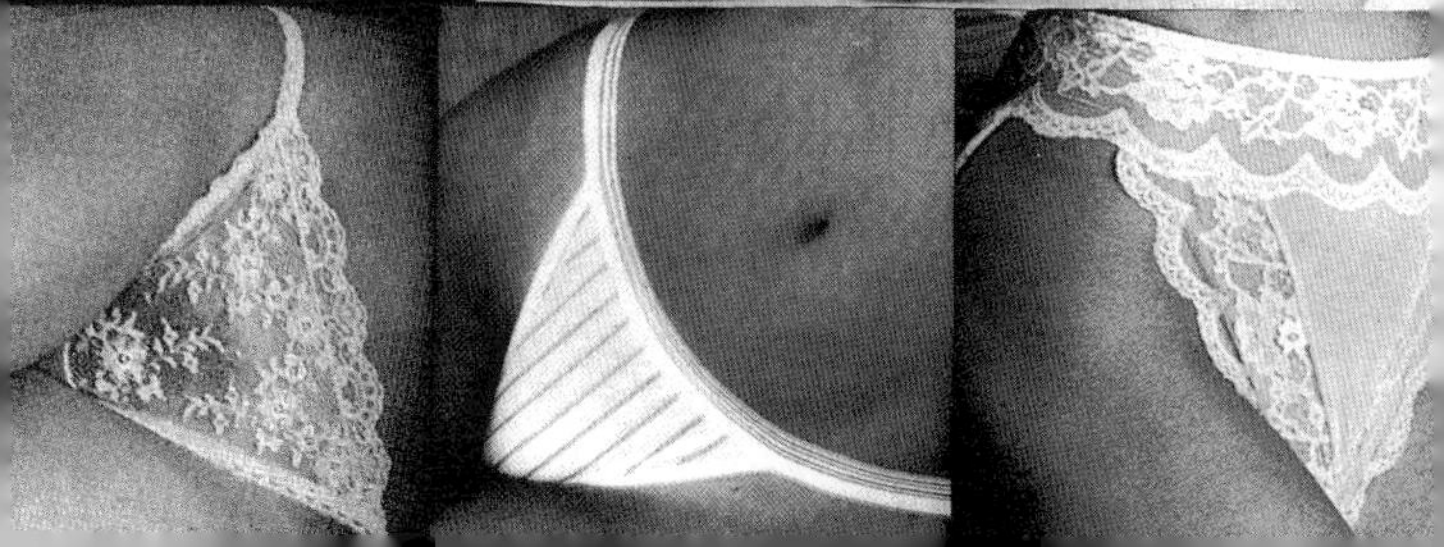

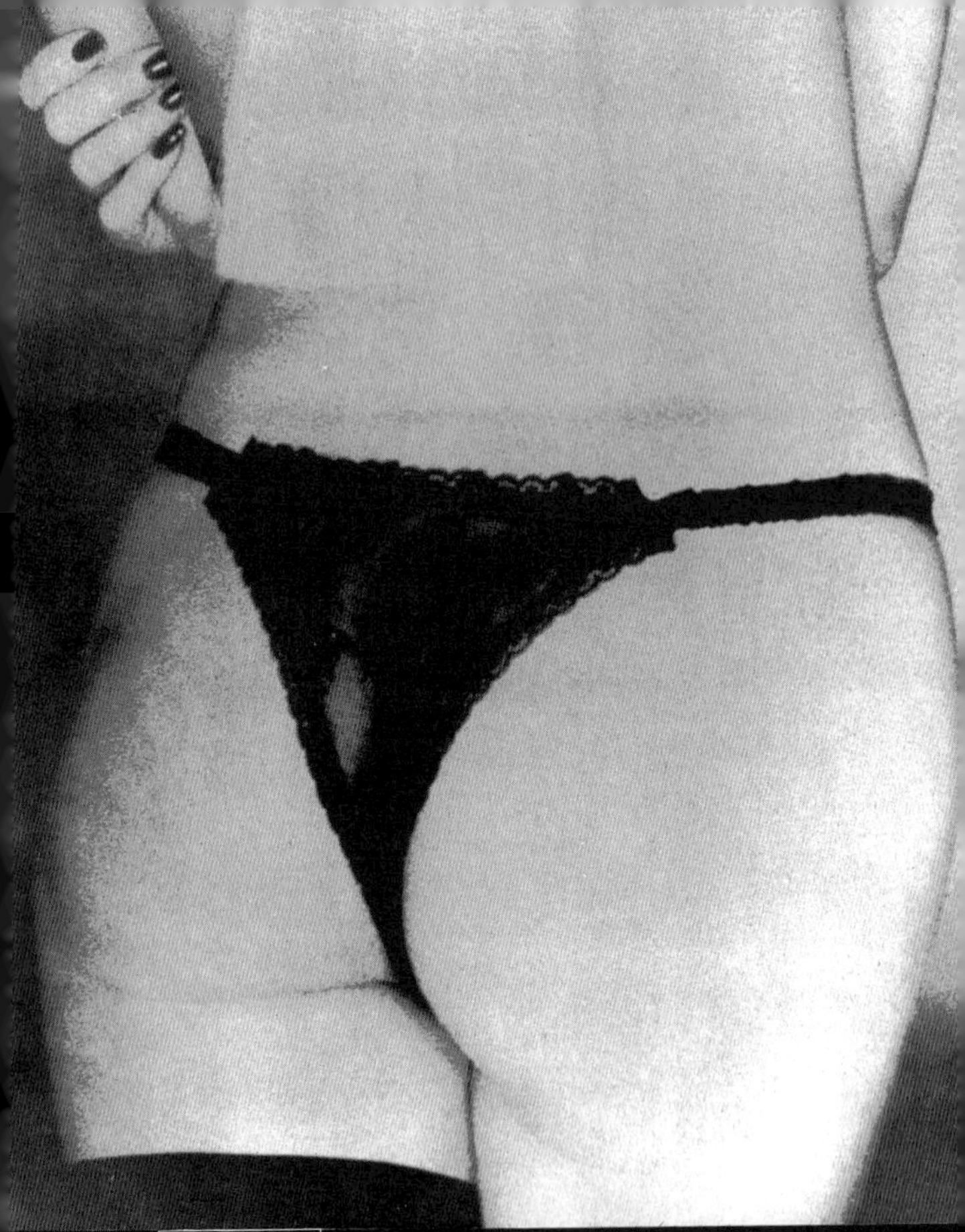

黒の魅惑、黒の下着（Mike Reinhardt, 1980）

それを膣に入れて、取り替えて洗っては使う。もともとは生理にはタンポンが普通だったようです。ギリシアにもタンポンの記録があるようです。つまり、処女性などというものが関係ないところでは、女性器に穴があいているということは生理学的事実ですから、そこに何か詰めものをすればいいということは誰にだってわかります。出るものがあれば蓋をすればいいわけですから。これがいちばん簡単な発想です。

T字帯がどのぐらい普及していたかというと、たとえば明治以降になると脱脂綿文化というのが出てきます。ただし、脱脂綿というのは、日本ではずっと高価なものでした。綿だって非常に高価なもので、打ち直しては使っていたものですから、だいたい使い捨てなどということはやりません。脱脂綿文化が出てきたのはごくごく最近のことですから、それ以前には何を使っていたのだろうか、ということになります。

脱脂綿を使わずにT字帯を使っていたとなれば、一種のおむつです。それを洗っては使っていたということになります。もし生理の手当ての主流がタンポンだったとしたら、パンティ＝T字帯起源説は妥当性がなくなってきます。そこで、パンティのもう一つの起源はストリッパーが穿くバタフライではないか、というのが二つ目の仮説です。

「パンティ＝バタフライ」起源説

バタフライが意味しているものは、機能性ではなくて、シンボル性です。ストリップ・ティーズは、男のもっている女性の身体に対するファンタジーに合わせて、女が演技をします。そのファンタジーの求心点は当然女性器ですから、その周縁からまわりこんで行って、最後に求心点にストンと入る。その焦らしのテクニックの中で、最後に取り去る小さな布切れがバタフライです。つまり最後の部分を隠す、取るために隠す装置です。パンティの起源はそれしかないのではないか、と思えてくる。そうでも考えないと、ブルマー型のパンティからいまのようなタイプのパンティへの変化は、断絶が大きすぎます。

その中間にコルセットの時代がくるのですけれども、コルセットとパンティは起源もコンセプトも全然ちがうものです。コルセットを使っている女の人たちは、コルセットを使っていても、その上にパンティを穿いていますから、コルセットとパンティは目的がちがいます。

日本でいうと、ブルマー・タイプのものがいまのタイプのものに代わるのは戦後です。それがいつごろどういう形で、突然コンセプトの飛躍が起きたのか、考えてみるとよくわからないことだらけです。しかしその変化と、女性器に対する一種の固着とは、必ず関係があると私は思っています。そういうふうに考えると、パンティ＝バタフライ起源説のほうが納得がいくのです。これはちょうど主婦の家事労働者起源説、つまり主婦のやっている労働はもともとはメイドがやっていた労働をあとで主婦が始めたのだ、というふうに順序を逆転して考える方が妥当するという説が歴史的に支持を得てきましたが、それと同じぐらいの逆転の値打はあるだろうと思います。ですからパンティがどんどんミニマムに切り詰められてバタフライになるのではなくて、バタフライが最初にあって、それからそれとコンセプトを共有したショート・パンティが一般の女たちにも普及したと考えるほうが、説明としては納得がいく感じがするのです。

ドロワーズの歴史

下着の歴史からいうと、股割パンツが登場したのが十八世紀のことでした。ドロワーズと呼ばれるもので、日本語では訛《なま》ってズロースになりましたが、長いブルマースみたいなものでした。

ワコールの服飾文化研究所には十八～十九世紀のドロワーズのコレクションがあります。

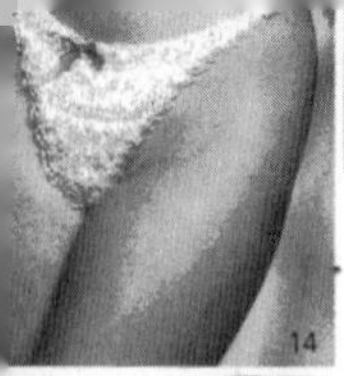

14

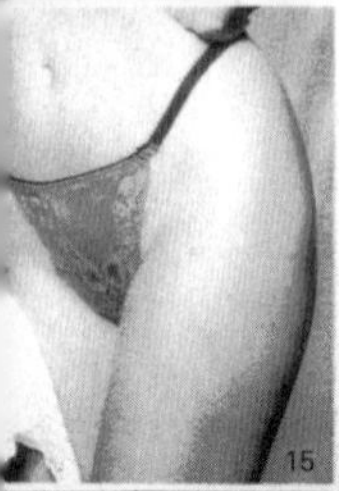

15

A special feature of our range, these g. strings are completely backless as shown, and are very attractive popular designs. (All have cotton gussets).

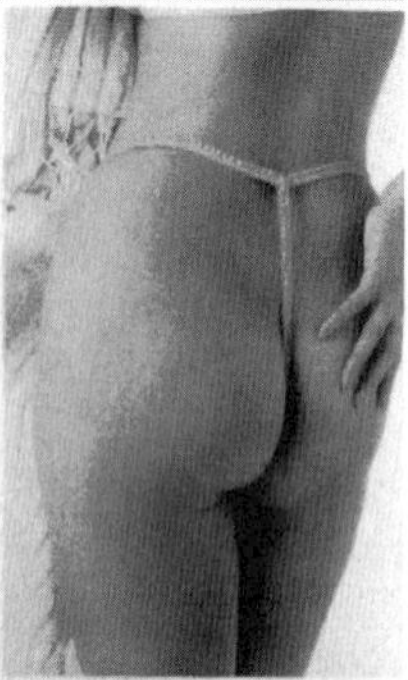

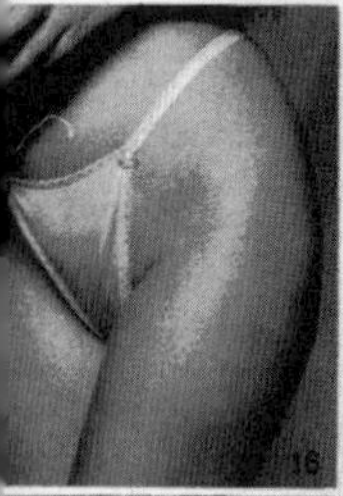

16

19

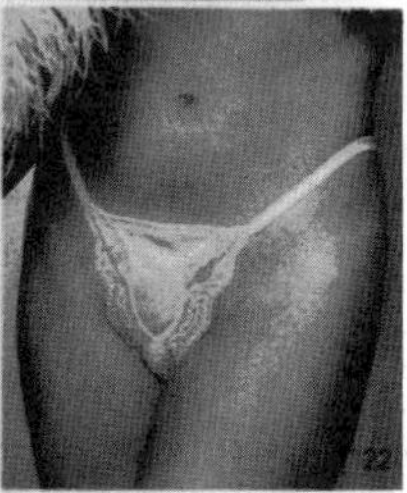

22

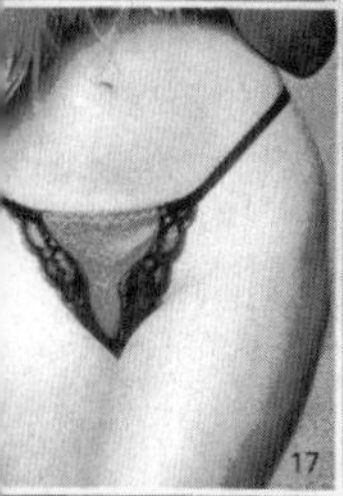

17

20

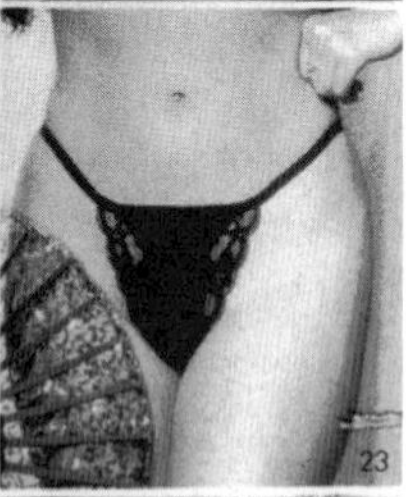

23

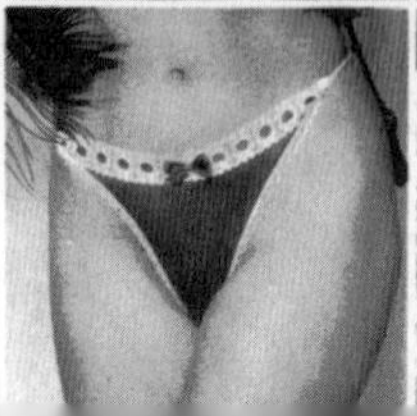

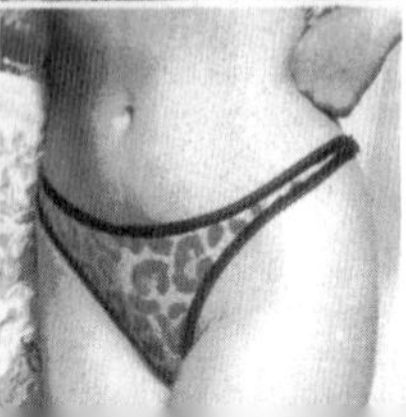

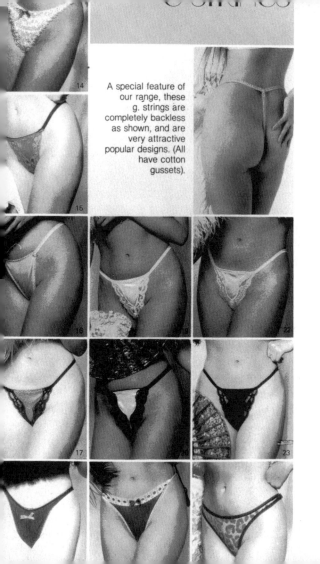

& BRIEFS

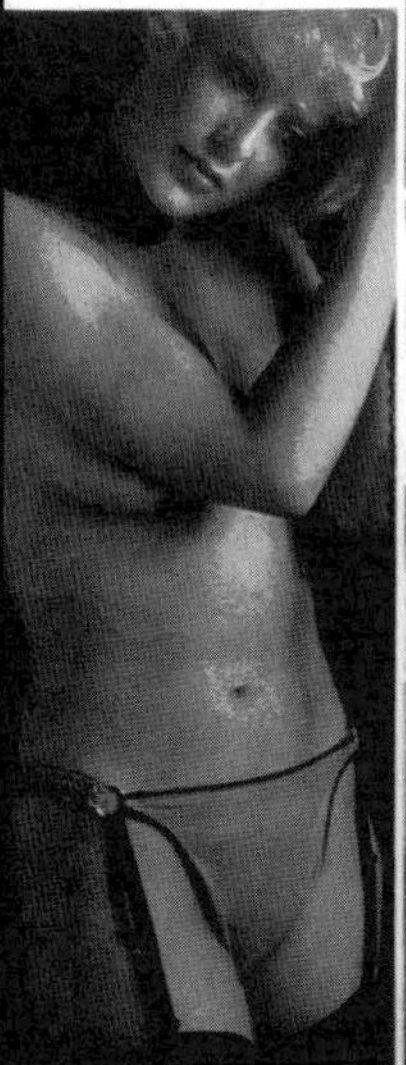

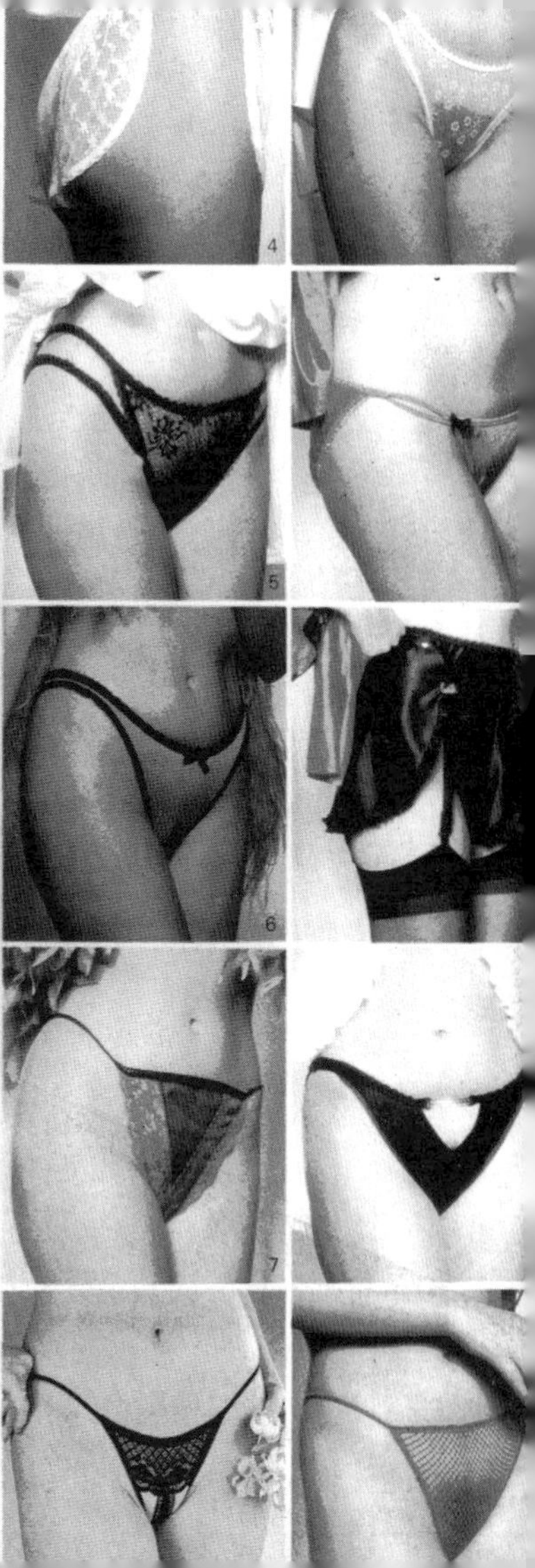

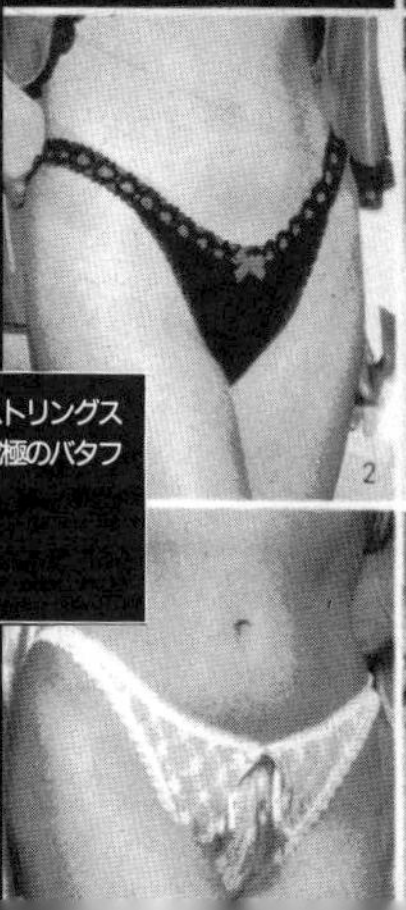

G・ストリングス——究極のバタフライ

そこで、実物を手に取ってみて初めてわかったのですけれど、あの股割パンツにはクロッチ布はついていないのです。完全に股割パンツで、股の接合部分が割れてオープンな状態になっています。女は排泄が面倒ですから、つなぎを着ている女の人を見るたびに、どうやるのかな、よく着てるよね、と感心するのですが、そういうことを考えたら、股割式のドロワーズというのは、脱ぎ下ろすことをしなくてすむ、非常にうまくできた下着です。

中国の子供たちの穿いているズボンも完全に股割ズボンです。私は発展途上国などへ行くと、赤ん坊の育ち方をなんとなく気にして見ているのですが、暖かいところでは子供は完全に下半身スッポンポンです。若干寒いところ、ネパールなどでも、子供は上に長袖のセーターを着ていても、下半身はスッポンポンです。ということは、いつでもどこでもウンチやオシッコはたれ流し。床が土間で家中がトイレみたいなものですから、たれ流しても平気なのです。

おむつというのは子供にとってはものすごく迷惑な代物です。あんな不愉快なものを股に当てられて、それだけではなく、不自然な格好で固定されるわけですから、がに股になったり股関節脱臼になったりする。これはほとんど人災です。おむつをされない子供は股関節脱臼などになりません。こうみると、おむつというのは、排泄という行為を家屋から追い出した住居空間に人間が住みだしたあとの文明の産物なんだ、ということがわかります。日本でもそうでしたけれども、ずいぶん長いあいだ、高床式の建物の上に住む以前は、トイレの場所は特定していませんでした。インドとかネパールも、非常に古い伝統的なタイプの家にいくと、トイレがない場合があります。つまり土の上だったらどこだっていいのです。

おむつというのは、人類史のなかではたいへん歴史が浅く、しかも地球上で限られた地域の子供たちだけが経験してきました。おむつを強いられている子供たちというのはものすごく不自然なことを強いられているのです。ネパールみたいなところですとほどほどに暖かいから、上はセーターで下はスッポンポンでもなんとかなるけれど、中国は寒いですから、下半身がスッポンポンだと風邪をひくかもしれません。そこではかせるのが股割ズボンなのです。股割ズボンですと、おむつが早くはずせます。オシッコと言った時にはすぐにやらせることができます。

ですから股割ズボンですと、トイレット・トレーニングを長い時間かけてやってもいいのです。ヨーロッパ社会でトイレット・トレーニングがあれほど厳しいのは、寒いところで家屋に順応するためには、早い時期にトイレのしつけができていないと困るというハードの側の都合があるからでしょう。フロイディズムは、トイレット・トレーニングについて強迫的な考え方を持っていますが、それもヨーロッパ的な抑圧の一種でしょう。それに比べると、股割ズボンを穿かされている子供たちは、トイレット・トレーニングの終了が少々遅れても、わりあいのんびり育てられるところがあって、子供にとっては極楽だなと思います。

日本でも三、四十年前までは、子供たちは、ほとんどフリチンの状態で、そこらへんを走り回っていました。それは女の子も同じでした。中国では股割パンツを男の子も女の子も両方穿いています。ドロワーズというものも基本的にはこの股割ズボンと同じです。ドロワーズを穿いていても、その下にパンツを穿くわけではありませんから、性器の部分はスカスカなのです。

ドロワーズとショーツの流れは切れている

村上信彦さんの『服装の歴史』によれば、日本の女は昔は裳《も》というものを身につけていました。その裳を脱いだときから、日本の女の社会的な地位が下がりはじめた、というのが村上説です。裳を脱ぐということは着流しですが、だいたい戦国時代から女は着流しになっていきます。着流しでは下にパンツを穿いていませんから、剝《む》けばいつでもやれるということです。

1830年代のドロワーズ。大革命後のフランスの女性の間に急速に広がった

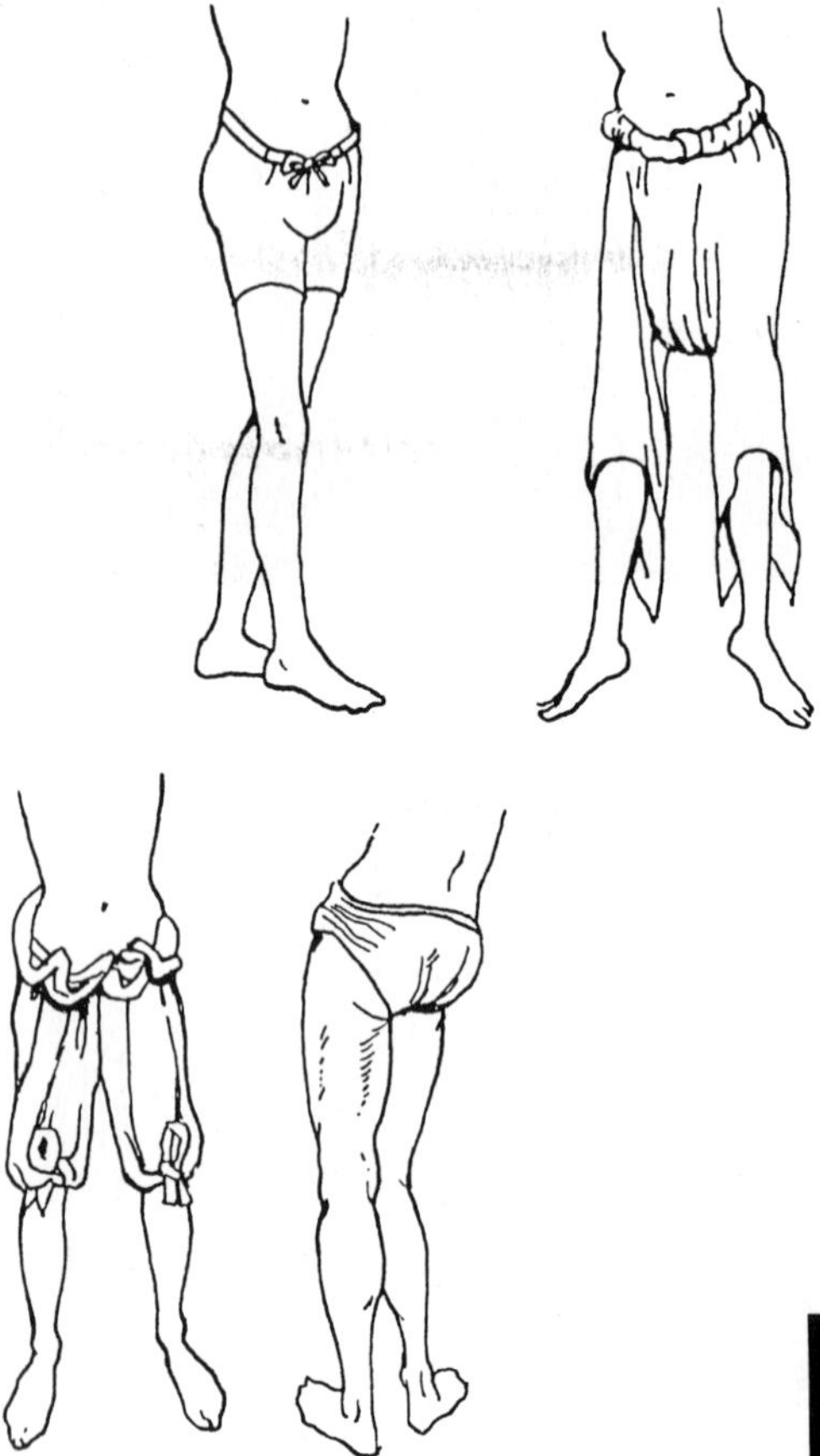

ドロワーズの変遷
右上＝13世紀、左上＝15世紀中頃
左＝15世紀末

『万葉集』に、防人になって出かけていく男が恋人と別れるに際して、おまえの裳の下紐を自分が結ぶ、今度逢うときまで他の男にこの下紐を解かすんじゃないよ、と言って出かけて行くという歌があります。その下紐を解かないと性器に到達できませんから、裳を穿いているあいだは女性は性的な主体性をもっていた、というのです。

裳と比べると、ドロワーズはずいぶん無防備なものです。やはり剝けばいつでも、という代物ですから。ドロワーズの起源は乗馬の習慣だったといわれています。フランス革命のあと、女性が非常に活動的になって乗馬が盛んになりました。そのせいで股割パンツのニーズが出てきた、ということです。十九世紀、キュロットもサイクリング用に登場しました。この時期には男装する女性が流行します。

それでもその時期にはまだクロッチ布がありませんでした。たとえば、ワコールのコレクションにはヴィクトリア女王のドロワーズがありますが、これにはちゃんとクロッチ布があります。けれども、そのクロッチ布は腰巻状の布にちょっと布きれがまたがっているという程度のもので、股布とはいっても密着しているものではありません。その部分でようやく二つに分かれていることがわかるという程度のもので、いまのフレーヤーパンツみたいに非常に緩やかなものです。

ドロワーズの丈がどんどん短くなっていけば、ブルマー・スタイルになります。一昔前、女の子の穿いていたズロースというのはブカブカゆったりしたものでした。だから親がどうして穿かせたかというと、「おなかが冷えるからね」という腹巻感覚です。この言い方にはもちろんユーフェミズム（婉曲話法）が含まれていますが、少なくとも性器を局限して覆うという感覚はなかったと思います。

そう考えると、股上《またがみ》がだんだん浅くなっていってビキニスタイルになっていくという流れ、それからだんだんタイトになって、クロッチ布が性器に密着していくという流れ、その両方から考えて、いまのパンティというものはドロワーズからはかなり切れている。いまどきパンティをおなかが冷えるからという理由で穿いている人はほとんどいません。いまパンティは女にとっては性器の当て布にまで局限されてしまいました。

パンティはおそらく、ドロワーズとは下着のコンセプトが根本的に変わってしまったものだと思います。性器の当て布にまで下着が局限されてきた歴史を考えてみると、それは恐ろしく新しい現象で、ほんとうにここ二、三十年という感じがします。しかし、その起源を関係者に聞いて回っても誰もはかばかしく答えてくれません。

性器に密着するタイプのパンティは、起源からいうと、生理用ショーツから始まりました。たとえばスパンデックスのような新素材がショーツに取り入れられた最初は、なんといっても生理用ショーツです。もともと生理帯というものに要求される機能性があって出

下着の装着。1870
年代、フランス。

ヴィクトリア風エレガンスを謳う上流婦人向けメイルオーダー・カタログ（表紙）

てきました。それが今度は生理のとき以外のショーツに波及していきました。それにミニスカートや性解放などのボディの露出が拍車をかけます。ボディコンやハイレグは、ボディをますます可視的なものにします。結果として最後に、これ以上切り詰められない性器の当て布にまで局限されたパンティが出てきたということだろうと思います。考えてみればみるほど、ショーツの二大起源説——T字帯説とバタフライ説は、機能と象徴の両面からみて正しいという確信を深めています。

黒と月経のタブー

日本では戦後、第一期の下着革命が昭和三十五年ぐらいに起きました。デザイナーの鴨居羊子さんのようなパイオニアが戦後の繁栄の第一期に敏感に反応して、「下着にもおしゃれを」と主張して下着のピーコック革命を起こしました。その第一の提案は「下着は白とは限らない」ということでした。鴨居さんはさまざまな色の下着を作りましたが、さすがに黒は売れなかったと言います。黒のイメージは生理帯につながるからです。

私はいまでも覚えていますけれども、母が私に最初にあてがってくれた生理用ショーツ——生理バンドといっていました——は黒でした。黒というのは喪章にも使われるように、穢《けが》れのイメージですから、そのショーツを穿くと自分がいま物忌《ものい》みの最中であるという気分になります。もうひとつ、当時はたいしていい生理用品がなかったですから、下着はしばしば経血で汚れます。白だと汚れが目立ってしようがないという理由もあったと思います。「衣の裾に月たちにけり」ではないけれども、古代でも月経の期間というのは物忌みの期間でした。ですから黒というのは女にとって物忌みを意味する不吉な色でした。

月経中に機能的に生理帯を穿き替えるだけではなく、ショーツの色の変化がひとつの象徴的移行になっていますから、与える心理効果は大きかったと思います。それから解放されないと、黒いショーツに手を出すという心理にはなかなかなれないでしょう。

最近は堂々と黒のショーツが出まわっていますが、黒という色がようやく月経のタブーから解放されたせいだと見ています。

生理帯も最近は非常にカラフルになりました。ブルーデーだからかえって気持を明るく持とうというので、ピンクとか可愛い色が出てきましたから、そのあたりから月経帯は黒、という常識がこわされていきました。

このようにほんのひと昔前の女たちは、性器になにひとつ密着させずにすごしていました。性器に何か密着させるのは唯一月経のときという機能的な目的のためでした。

明治時代にはじめて自転車が入ってきたとき、良家の子女が自転車に乗るのをずいぶん

黒のタブーからの解放

C

反対されたといういきさつがあります。女性の乗馬に対してもそうでした。「白馬を少女潰れて降りにけむ」という西東三鬼の句は、明らかに乗馬の性的なインプリケーション（含意）を示しています。あの頃には性器が何かに直接触れるということにたいへん大きなタブー性がありました。もっと最近になって性器密着型のクロッチ布がついたパンティが登場したとき、ああいうパンティを穿くと食い込んで女が悶えるのではないかと心配した人までいたと言います。

そうなると、ショーツなどという代物が登場して、いまみたいな形ですべての女の子たちがこれだけポピュラーに性器をミニマムなもので覆うということを始めたのは、人類史上始まって以来のことで、それがほんの二、三十年間で蔓延《まんえん》したということになります。これは驚くべき事態だとつくづく思います。

二度の下着革命のコンセプト

第一次下着革命のコンセプトは「見えないところにもお洒落を」、でした。アウターのお洒落やファッション感覚がインナーにまで入っていきました。それまで白無地だった下着に色と柄がついていきます。これは最初たいへんなタブー破りでした。それは下着のも

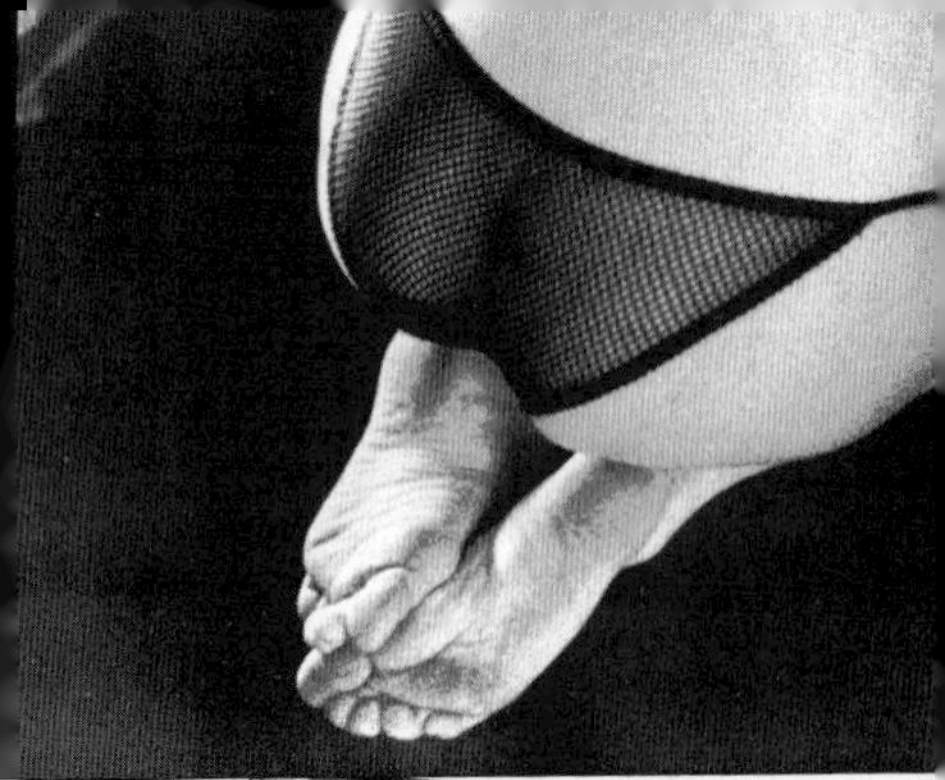

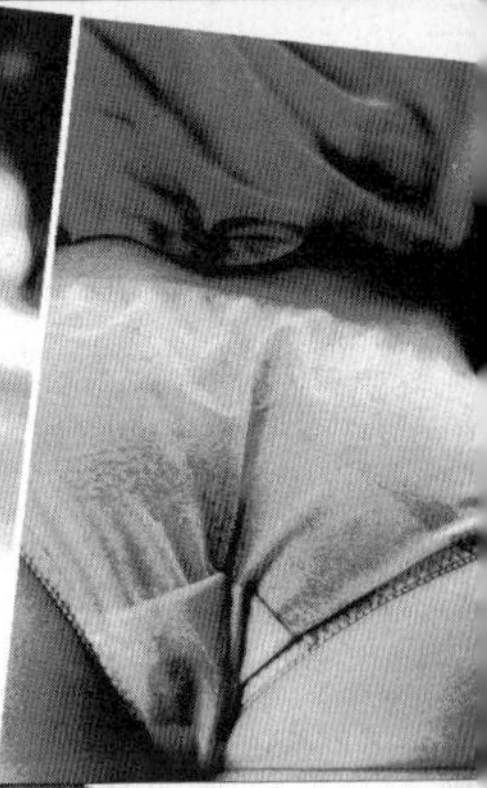

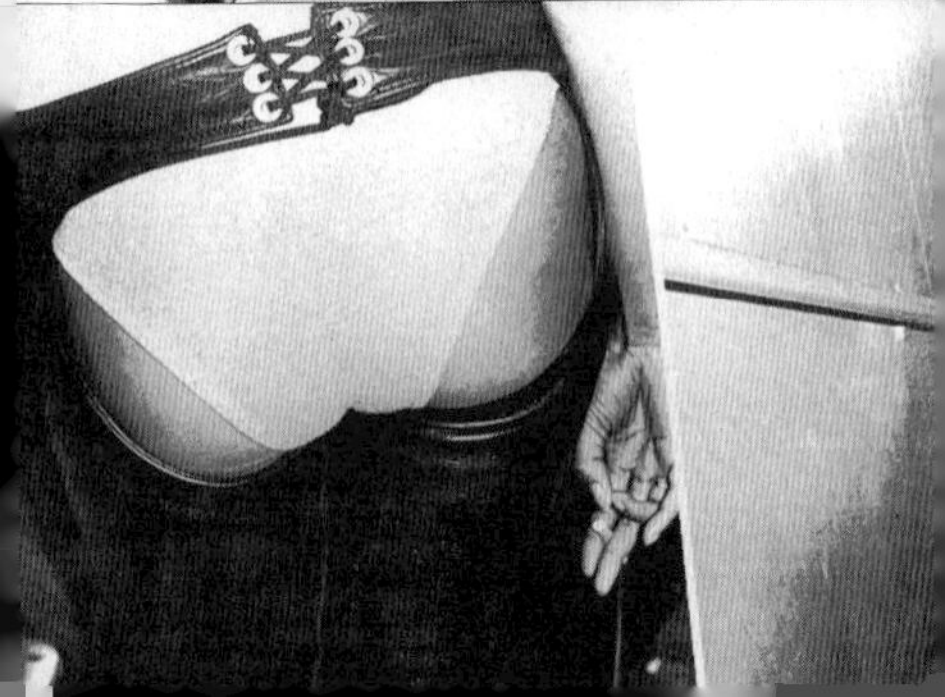

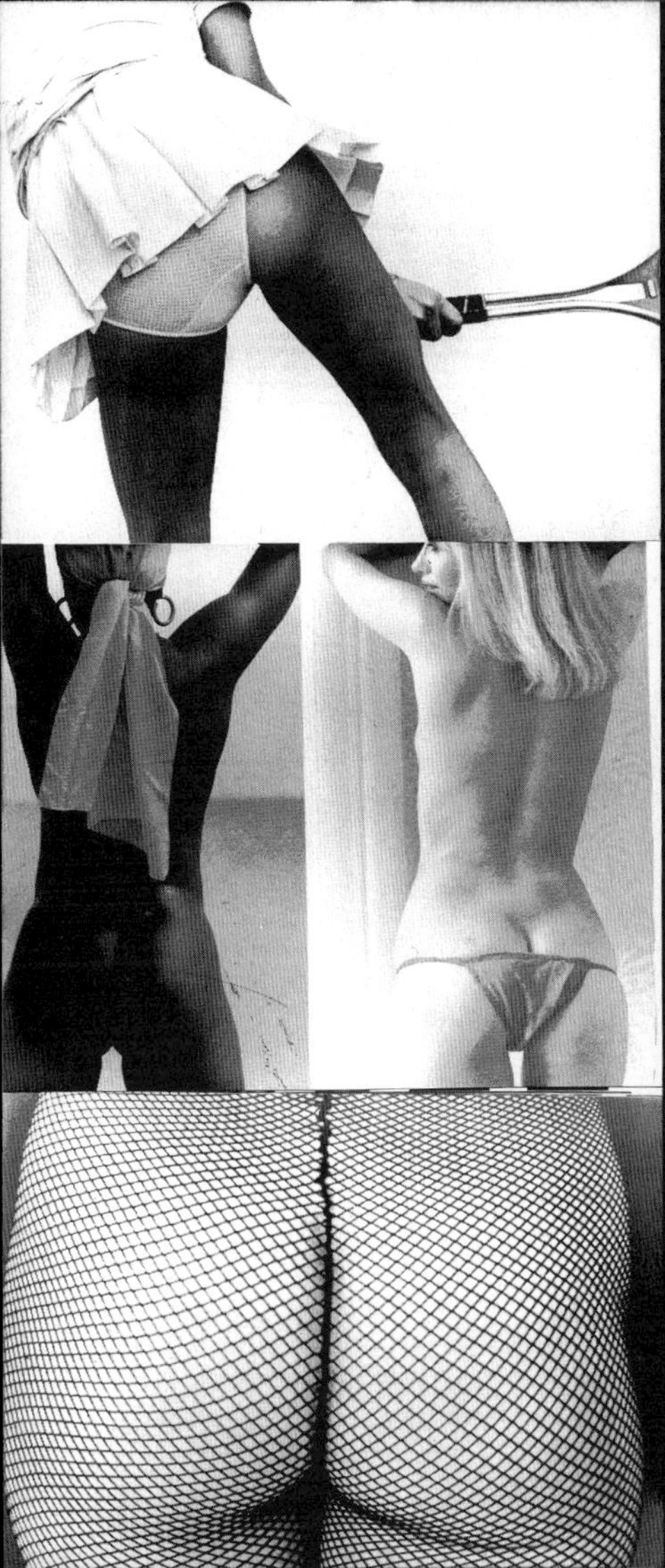

パンティのバック
ショット（*Rear*
View, Delilah
Books, N. Y.)

っている清浄さという観念を冒すことですから。鴨居羊子さんは日本ではそのパイオニア中のパイオニアですが、彼女はやっぱり最初のころ理解者は得られなかったといいます。やがてそれが六〇年代の十年間でほぼ受け容れられていきます。

ワコールのデータによると、一九七〇年にはベージュ色がピンクベージュも含めて下着の九〇パーセントを占めるようになりました。だから下着のカラー化はその時点で完成しました。真白しか穿かないとがんばるのは逆によほど特殊な人になってしまいました。十年で変わってしまったのです。

第二次下着革命がこれに続きます。七〇年までは、ショーツは基本的にウェストラインまでだったのですが、どんどん股上が浅くなっていきます。おなかを覆うというのではなくて、ほとんどもうミニマムに性器を覆うというところに局限されていきます。その第二次下着革命の引金がミニスカートでした。

スカート丈の長さと下着の変化ははっきり比例しています。ドロワーズでも最初膝下ぐらいの長さがあったのが膝丈に上がり、さらにどんどん短くなって行く。ミニスカートになると、ほとんどパンティがチラチラ見える。ですから下着が見えることを意識して、アウターとインナーをセットで考えなければいけないというところまでいきました。ちょうどテニスのスコートの感覚です。

それに決定的な影響を与えたのがパンティ・ストッキングの登場です。パンティと靴下が一体になりました。パンストは基本的に、見られることを意識したものでした。パンティ・ストッキングは昭和の貞操帯とかいわれ、男の子にとって難攻不落、どうやって脱がしていいかわからない、というものでしたが、それを逆手にとって、ノーパン喫茶のようなものも現われました。手は出せないけれど、見えるか見えないか、のチラリズムを楽しもうというのです。最近では、パンストにクロッチ布をあてがって、パンティとストッキングを一体成型したものも出てきましたから、ノーパン喫茶のアイディアは巷《ちまた》に出ていったと言えます。

そのあと、スカート丈はもういっぺん長くなりますが、その直後にパンタロン・ブームが起きます。パンツ・スタイルが女のファッションに完全に定着しました。七〇年代のことです。それ以前は、女がズボンを穿くのは特殊なことでした。モンペは戦争中のものでしたし、七〇年代には、ジーンズを穿いていると、「きょうはデモがあるの」と言われたものでした。今やジーンズもファッションのひとつに定着しました。こうしてズボンが女にとってファッションのひとつとして完全に公認されるに至り、つまり女性は〝男装〟の権利を手に入れたのです。そのパンツ・ファッションの流行の中で、アウターに響かないインナーへの要求が出てきました。

昔から、花柳界のほんとうに粋な女の人は、和服の下にはパンティを穿かないものだ、といいます。それは彼女たちがパンティの線が和服の外に響くのを嫌がるのと、パンティを穿いていることによって行動が大胆になるのを嫌うからだといわれています。おしゃれな人の中にはパンストの下にパンティを穿かない人が出てきました。パンティの上にパンストをはくと、パンティのゴムがお尻に食い込んで、外にラインが響いてしまいます。それをいやがる人たちの要求で、パンティがますますミニマムに、限りなくT字帯化していくという方向が出てきました。

第二次下着革命に続く最近の数年間になると、今度はハイレグ路線が出てきます。ハイレグ路線になるとバタフライに限りなく近くなる。装飾性をとり去って、もう一度T字帯やバタフライのような下着のミニマムに限りなく近くなります。ですから、第二次下着革命以降に、むしろセックス・アピール路線がもう一回出てきているとも考えられます。

ただ、あれも、エクササイズ・ブームというか、エアロビクスなどとの関連で出てきた可能性が大きい。つまり、ハイレグのパンティを穿いていないと、ハイレグのレオタードが穿けないのです。レオタードから下着がはみ出してしまう。カットの仕方が全然ちがいますから。それがうまくフィットしてないとみっともないことになる。最近は、ハイレグ用のパンストまで出ています。脚のつけねのゲージの切り替えがかなり上のほうにきているので、ハイレグのレオタードを穿いても、表に出ないようになっているのです。こうした大胆なカットのもっている性的なインプリケーションには、ヘルシーの裏にかくれたセクシー路線、つまりセックス・アピール動機があると思います。

もうひとつ、ここ二、三十年ばかりのあいだの驚くべき変化は、毎日下着を穿き替えるという習慣が定着したことです。下着を毎日穿き替える習慣が日本で定着したのは、比較的新しいことです。当初は清潔の観念から始まっていますが、それでも基本的に下着というのは慣習性が非常に強いもので、同じものを毎日穿き替えるというかたちでした。それに下着のファッション性、色、柄、素材の多様化が加わって、毎日違うものを穿き替えるというふうになっていきます。今日では、女性の下着ケースは色とりどりのハンカチのコレクションみたいに、おもちゃ箱のような様相を呈しています。気に入った同じ色、柄、パターンしかはかないというのは、むしろがんこな保守的な人と考えられています。もしくは親の監視下にあって、自分の思うように下着を買えない年齢の少女たちです。

ファッションというのは、毎日が変身ですけれども、下着が毎日変わるというところまで行ってしまえば、下着もまた見せたい、見られるという意識から自由でないことになります。最近はついに絹の下着まで登場しましたけれど、これなど、ハレの下着と言うべきでしょう。元来人に見せない下着はケのものだったはずなのに、下着のハレが登場するということは、人に見られるかもしれない可能性に、ふつうの女がますますオープンになってきたということを意味します。下着のファッション化は、性行動のカジュアル化と切り離せない関係にあります。これは七〇年代以降の性解放と対応していると思いますが、その変化の規模とスピードは実に凄まじいものでした。

パンティの未来像は二つの方向が考えられます。ひとつは究極のボディウェア、つまりストッキング付パンティです。パンティ部分にクロッチ布があって、シェイプ機能もある。だからシェイプパンツにそのままストッキングがついているタイプです。アメリカなどではそろそろポピュラーになっています。値段は、高いといえば高いですけれど、そう大したこともありません。せいぜい日本円でも千五、六百円程度です。いまサポートタイプのパンストが五千円とか一万円という時代ですから、特別高くはありません。いまのパンストは昔みたいに簡単に伝線しなくなって、けっこう丈夫になりましたから、大衆化する可能性が出てきました。

パンティとストッキングを一体成型したということは、極端にいえば、それは一種のパンツレスにつながるのではないかと思います。つまり、ノーパン喫茶のウェイトレスの状態が、一般化することになります。

聴き取りによれば、パンストとパンティは、同時に脱ぐ場合が多いようです。脱がす場

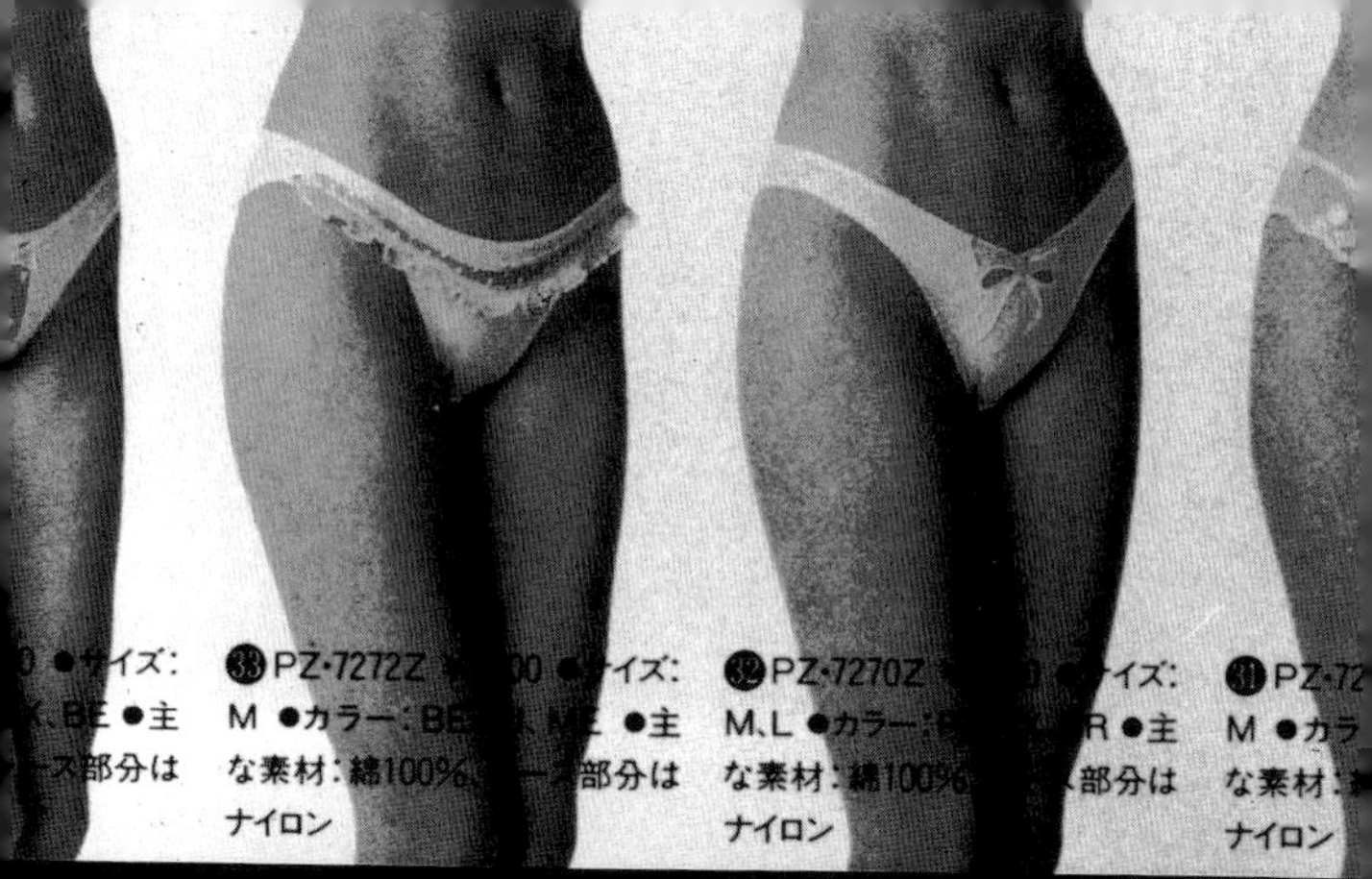

スタイルと色の冒険。最近のカラフルなショーツのパンフレットより

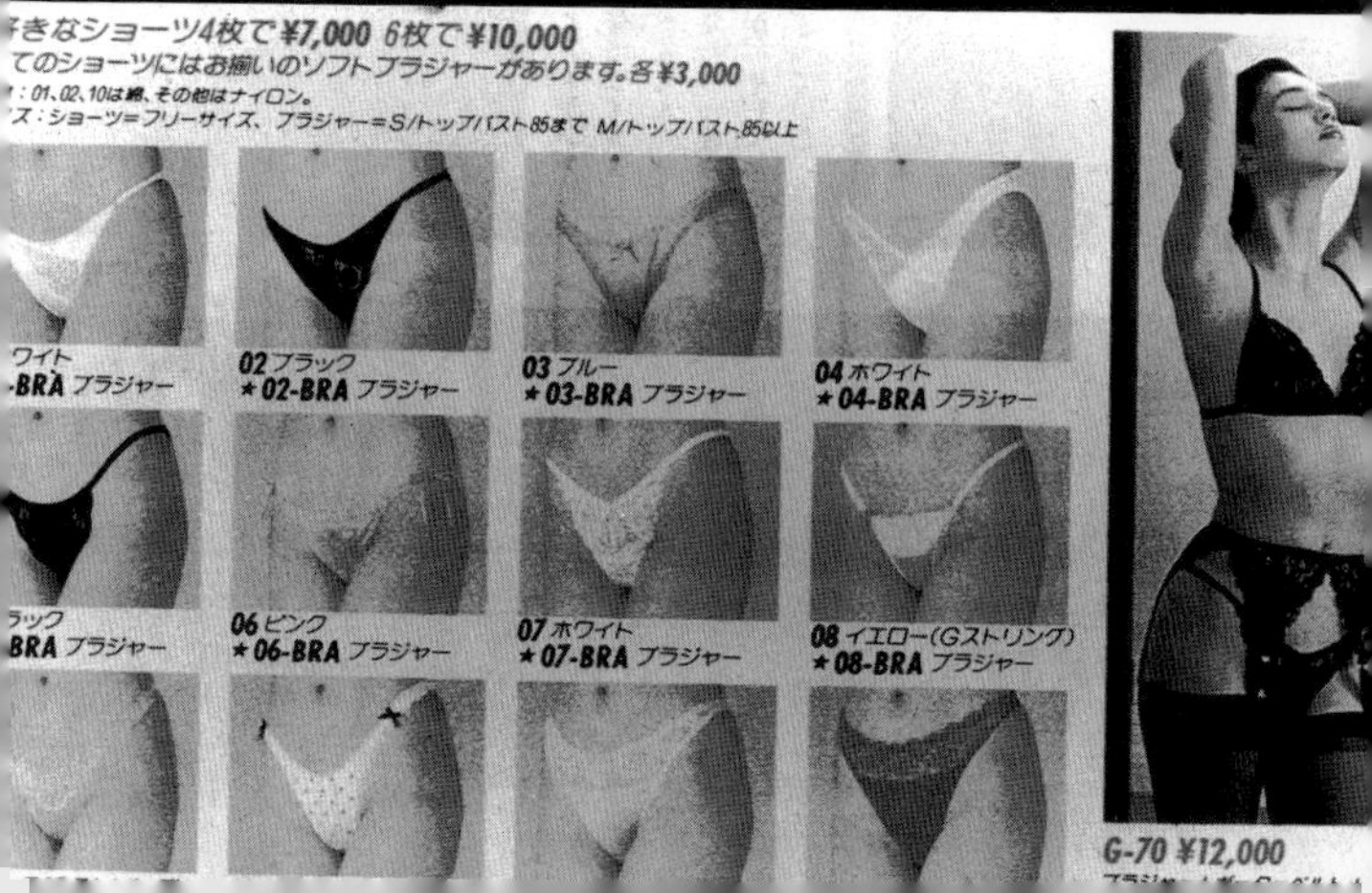

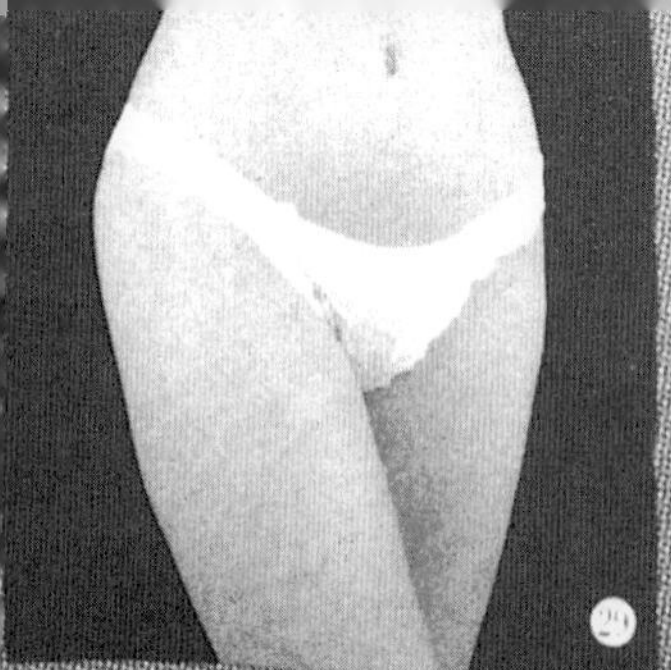

29

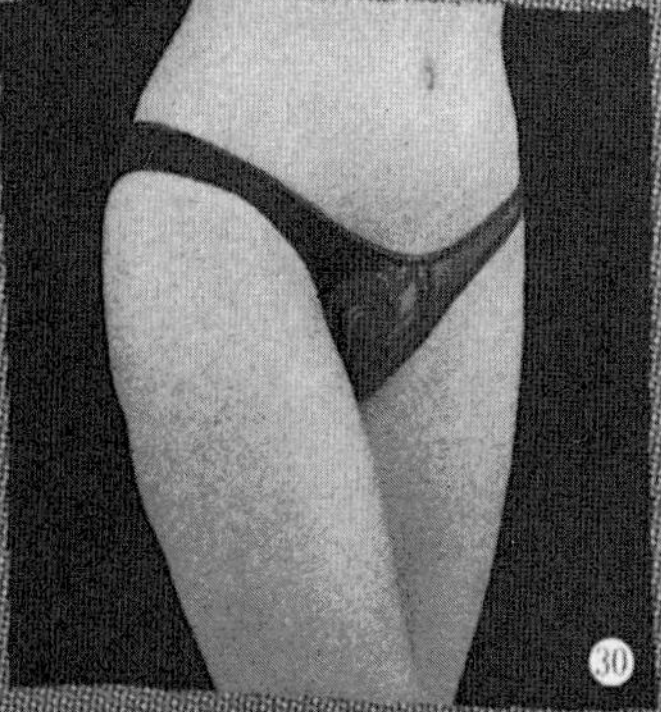

30

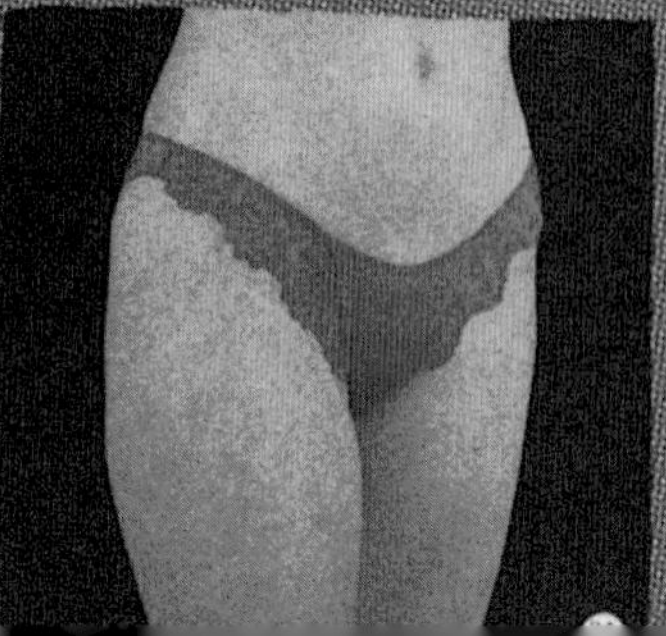

Sexy Elegance Shorts

小さいけれど冒険心がつまってる。

小さいくせに、その日の気分を
大きく左右するのがショーツ。
ちょっとスリリングに、
着たことのない色を
選んでみては、いかが。

合でも、同時に脱がせています。べつべつにするのは、よほど儀礼的な手間をかける場合に限られます。

こうして、パンツレスというか、オール・イン・ワンというか、どちらにしても、少なくともいまのようなパンスト・プラス・パンティという二重性は時代おくれになるという方向性があります。

もうひとつの方向は、ストリング型です。つまり限りなくミニマムに近づく方向です。だからやはり、バタフライとT字帯の原点にもういっぺん戻る、ということになるのじゃないかと思います。

2

家族

下着と性器管理

ブリーフとトランクス──悪夢の選択

女性の下着も男性の下着も、ここ二十年から三十年ぐらいの短期間に、変わり方がすごく激しい。下着みたいに習慣性がつよく保守的なものが、このように十年ほどの単位でガラッと変わってしまうというのはたいへんなことです。その変化はファッションの変化のようには表に出ないけれども、単に流行現象という以上の深い層の変化を暗示しています。例えば、男の下着はいったんはデカパンと言われたトランクス型からブリーフ型へ変わったかに見えましたが、二十代ぐらいの男の子の間では、いまブリーフからトランクスにもういっぺんゆり戻しが起きています。この変化はいったい何を意味しているのでしょうか。

たとえば、思春期の男の子にどういうパンツをあてがうかということは、母親が決めます。母親がブリーフを買ってきて息子にあてがう。そうすると、トランクス・カルチャーはどうやって男の子の間に伝播するのか。どうやら母親の手から離れた男の子が下着を自分の意思で選びなおすというかたちで拡がっているようです。男の子たちは、下着を選びなおすことをつうじて、母親が押しつけたブリーフ・カルチャーに異議申し立てをやっていることになります。

男がパンツを選ぶときの条件は二つあります。一つは母親のあてがいぶち、もう一つは結婚のときの妻の押しつけです。下着を男が自分で買うという習慣がなかったものですから、女たちのあてがいぶちに男たちは従ってきました。私の知っているケースでも、結婚を機会に、トランクスを強制的にブリーフに替えさせられたという男がいます。それが十何年かたって、もういっぺん妻の支配から離脱して、トランクス返りをする。また子供時代の母親のあてがいぶちから離脱して、自分でトランクスを選ぶという初体験をする男の子もいます。

そうすると、とりあえず男の下着のオプションはブリーフとトランクスの二つしかなくて、女性支配と女性支配からの離脱という両極のあいだを動いていることになります。女性支配の側はいつもブリーフの側にあります。これは容易に理解できます。ブリーフは確かに包み込む働きをします。一般に女性は男性がトランクスの中で性器をブラブラさせているというイメージを嫌いますから、包んで隠してサポートしてという方向に向かいます。

家事労働と下着の関係

以上のことを家事労働との関連で考えてみるとおもしろいことがわかります。文化人類学者の梅棹忠夫さんはユニークな家事労働観をお持ちです。普通、文化人類学者は行動様式などのソフト（パターン）に中心を置いた文明観をもちますが、梅棹文明史の特徴はハード（装置系）に中心を置いた考え方で、文化と文明を区別します。彼は家庭をハードの集合、すなわち装置系として考え、その装置系が技術革新をすると、ソフト全体がどのぐらい変わるかという、ちょっと技術文明史観みたいなものを展開していて、これは単なる下部構造決定論とも違うのです。

たとえば、技術が、マルクス主義でいう下部構造か上部構造かということはたいへん議論が分かれるところで、ソ連の教条主義マルクス主義者でさえ、技術は上部構造だという人もいるぐらいです。技術の選択肢がいくらあっても社会構造が変わらない限りその技術は採用されない、という事情がありますから、テクノロジーは、どちらかといえば上部構造に属します。いちばん穏健なマルクス主義者で上部構造と下部構造の接点あたりに位置づけます。装置系として家庭をみる視点から家事労働の歴史を研究する人が、このところ欧米の社会史研究者のなかでけっこう増えてきています。

とくに大きな変化は、家庭電化にともなう家事のエネルギー革命です。日本の場合それは一九五〇年代、アメリカはそれより二十年ほど早くて一九三〇年代に起きています。アメリカは第一次世界大戦でも第二次世界大戦でもそれほどダメージを受けなかった国ですから、日本でいう消費社会化状況がアメリカでは三〇年代に起きています。当時のアメリカの家庭電化製品のポスターや広告のキャッチコピーなどが資料として使われた家事労働研究が出てきていますが、その種のポスターの中には、たとえば昔のロール式で絞る洗濯機のそばにベティーちゃんみたいなアメリカの女性が立って、「奥様をこの重労働から解放します」みたいなことを言っているという構図があります。

家庭電化で洗濯労働は軽減されたか

この広告に代表されるように、家庭電化のなかで主婦にとっていちばんの福音だったのは洗濯機です。それが家事労働の中でいちばん重労働でしたから。水のないところではまず水を汲んでくるだけでも重労働、ポンプのあるところでもポンプを押して汲みあげるのが重労働、もちろんそのあとのゴシゴシが重労働。ですから歴史的にみても、家事労働のなかで職業として最初に自立したのは洗濯女です。洗濯は女がいちばんやりたくない労働でした。下層階級の女がいちばん手っとり早くお金を稼ぐ道は洗濯女になることでした。

それで洗濯機が普及するのですが、一九三〇年代に洗濯機が大衆的に普及した前と後で「洗濯労働は実際に軽減されたか否か」という研究によればこれが全然減っていないという結論が出ています。なぜ減らないかというと、確かに一回当たりの労働は省力化したのですが、逆に回数が増えて以前より頻繁に洗濯をするようになったのです。たとえば、欧米人は歴史的に、けっこう不潔な生活をしてきたものでした。シーツなどはそんなにしょっちゅうは替えなかった。一ヵ月も二ヵ月も敷きっぱなしだったし、下着もそんなに替えないものでした。それが洗濯機の普及で、たとえばシーツを替える頻度が、月に一回が週に一回に変わる。下着も頻繁に洗うようになりました。その上、初期の洗濯機は、メカが文字どおりハードでしたから、ほつれたり、生地が傷んだり、洗濯物がものすごく傷んだのです。そういうこともあって、全体的に見ると、洗濯機が入ったことが決して家事労働を軽くしなかったという結果が出ています。

いつから毎日下着を取り替えるようになったか

ここでおもしろいのは、洗濯機の導入と下着を替える頻度が相関していることです。日本では、大体一九六〇年代が洗濯機の普及の時期ですが、いまの四十歳代以上、五十代六十代の男性たちが、昔のいわゆるデカパンからブリーフに替えさせられたのがその頃です。しかもそれを毎日替えるように妻に要求されるようになったのも大体その頃。この世代の人たちに「子供の頃にパンツを毎日取り替えましたか」ときくと、男も女も「ノー」と答えます。下着を毎日取り替えるという観念は、どうやら洗濯の頻度と深い関係があるようです。そして洗濯の頻度は洗濯の省力化と関係があります。家事労働省力化機器が入る前には、そんな自分の労働を増やすような要求を女が自分からするわけがありません。現にしなかった、ということがかなり明らかになりました。

ハードの変化は〝衛生〟の観念も定着させた

「毎日下着を取り替えなければダメよ」とか「洗いざらしでも清潔なものを」というような衛生の観念が出てくるのも、日本だと一九五〇年代から六〇年代以降です。装置系の技術革新がなければ下着の衛生の観念の定着も起きなかったことになります。

六〇年代の電気洗濯機の普及とちょうど同じ頃に、ガス風呂が登場しました。それまでの家庭の風呂というのは、薪を割ったり水を張ったり、火をつけたりと手間が大変でしたから、せいぜい多くても三日に一ぺんとか、ひどいときは一週間に一ぺんしか入れませんでした。農村では、廻りもちでもらい風呂という習慣もありました。お風呂に入ったときに新しい下着に着替える、という習慣がありましたから、ここでも、技術革新による入浴の頻度と下着の交換の頻度との相関がわかります。

水というのは貴重品でしたから、その面から考えてもお風呂に入る回数と洗濯の回数は確かに比例していたのです。お風呂の残り湯で汚れ物を洗う。水は無駄にしてはいけないものでした。

下着の管轄権は妻＝主婦にあった

いろいろな調査や研究からわかってきたことは、洗濯労働というのは、どちらにしても女の労働でしたから、下着を替える習慣は一家の主婦が決めたということです。なにも本人たちが下着を替えたいという衛生への欲求からやったのではありません。しかもそれは、主婦の要求によって強制的に替えさせられた。だから下着に関しては女が主導権を握っていました。夫と子供に関しては下着の管理は妻の責任でした。だからある意味では、下着の選択の主体性とか、洗う頻度とか、下着の管轄権は主婦にあって、夫からも子供からもその権利は奪われていました。性分業のしくみのなかでは、家の中で衣食住を取りしきるのは主婦の役目でしたから、長いあいだ夫は自分の下着の場所も知らないというのが普通でした。

最近、「男の自立度初級チェック」という、首都圏のある自治体の作ったパンフレットがあります。十項目のうち、得点が五点以下だったら「産業廃棄物直行型」、五点から七点だったら「発展途上型」、八点以上クリアしていたら「パス」という評価です。お役所らしからぬというので大評判をとりましたが、その中の一項目に「下着のあり場所を知っている（自分で下着と靴下を揃えることができる）」というのが入っていました。

これからもわかるように、下着を管理（下着の選択とメンテナンス）しているのは主婦です。主婦以外の家族の他のメンバーは実質的に選択権を奪われています。下着の色、柄、形は主婦の専制下にあります。夫と子供は形についても色についても下着の選択権を原則的に持ちません。下着についてあれこれ注文をつけるのは〝女々しい〟ことだったのです。一方的に白のブリーフとかに決められてしまいます。

下着の管理は性器の管理

それは、女の子の場合もそうです。いまいろいろな可愛いパンティが氾濫していますが、女の子たちは、下宿をし始めてからはじめて自分でパンティを買うようになります。自宅にいる子は可愛いパンティが買えないとこぼします。小さいときは母親が買い与えるあてがいぶちです。ある年齢になると自分の選択権も出てきますが、それにしても、たとえば鮮やかな色を買ったりしたら、「そんなハデなの買って……」とか、「できるだけベージュと白にしなさい」とかいうふうにいわれます。洗濯は母親の管理下にありますから、母親の監視を逃れることはできないのです。

下着の管理は性器の管理につながります。下着を通して、主婦は実は一家の性器管理をやっているのです。ですからみだりに自由意思でパンティを買ってきてはいけないのです。自由意思でパンティを買うということはある意味で主婦の監督権に対する反逆です。しかも女の子の場合には、たとえば可愛いパンティを見つけて買おうとすると、それには本当はナルシシズム要因がいちばん強いのですけれども、母親が最初に考えるのは「一体誰に見せる気なのよ」というセックス・アピール要因、つまりこの子も色気づいてきたかという反応です。性器と性器をシンボライズするものを意図的に外界にディスプレーする、そういう行為を色気というわけでしょうが、娘が色気づいてきたのかという反発を示します。

どうやら自宅通学生というのは、母親のそういう気持にずいぶん気を配っているようです。だから、自分でパンティを買っても、母親の好みの範囲内で選ぶ。突飛なものは買わない。嫌がられるのは、色の鮮やかなもの、それから黒。つまり、セックス・アピールにつながるようなものです。ただ、そういう女の子たちのパンティを選ぶ基準を実際に観察してみると、母親が心配するようなことは何もなくて、今度男の子とデートに行くときに、股上何センチなんていうズロースみたいなのは嫌だとか、そういう実際的な配慮からパンティを選んでいるふしはほとんどありません。女の子はもうちょっとうぶですし、はっきり言って、自宅や寮にいる子たちはそんなに簡単に外泊できませんから、ほんとうに男に見せる気で、脱いだ場合を想定して選んでいるほど自覚的な子なんて、まずいません。

だとしたら、女の子たちが夢みたいないろいろなパンティに魅かれる気持は、ほんとうはナルシシズムそのものです。もっとも、確かにナルシシズムは性的な目覚めのひとつのステップですし、もしかしたら究極のゴールなのかもしれません。むしろ相手の要る性愛というのはただの媒介にすぎなくて、本当はオートエロティシズム（自己性愛）こそが最後のゴールなのかもしれません。

ですから、その女の子たちの心理は母親が心配するほどのものではないのです。たとえば母親の監督権に対して何らかの異議申し立てをしようという気持があって、たとえば洋服の好みで母親が嫌いだというものを、「自分のバイト代で買うのだからいいでしょう」と勝手に買えるぐらいの主体性を持っている子でも、パンティに関してはもう少し保守的です。それにはやはり洗濯機というハードを誰が管理しているかという問題がひっかかってきます。

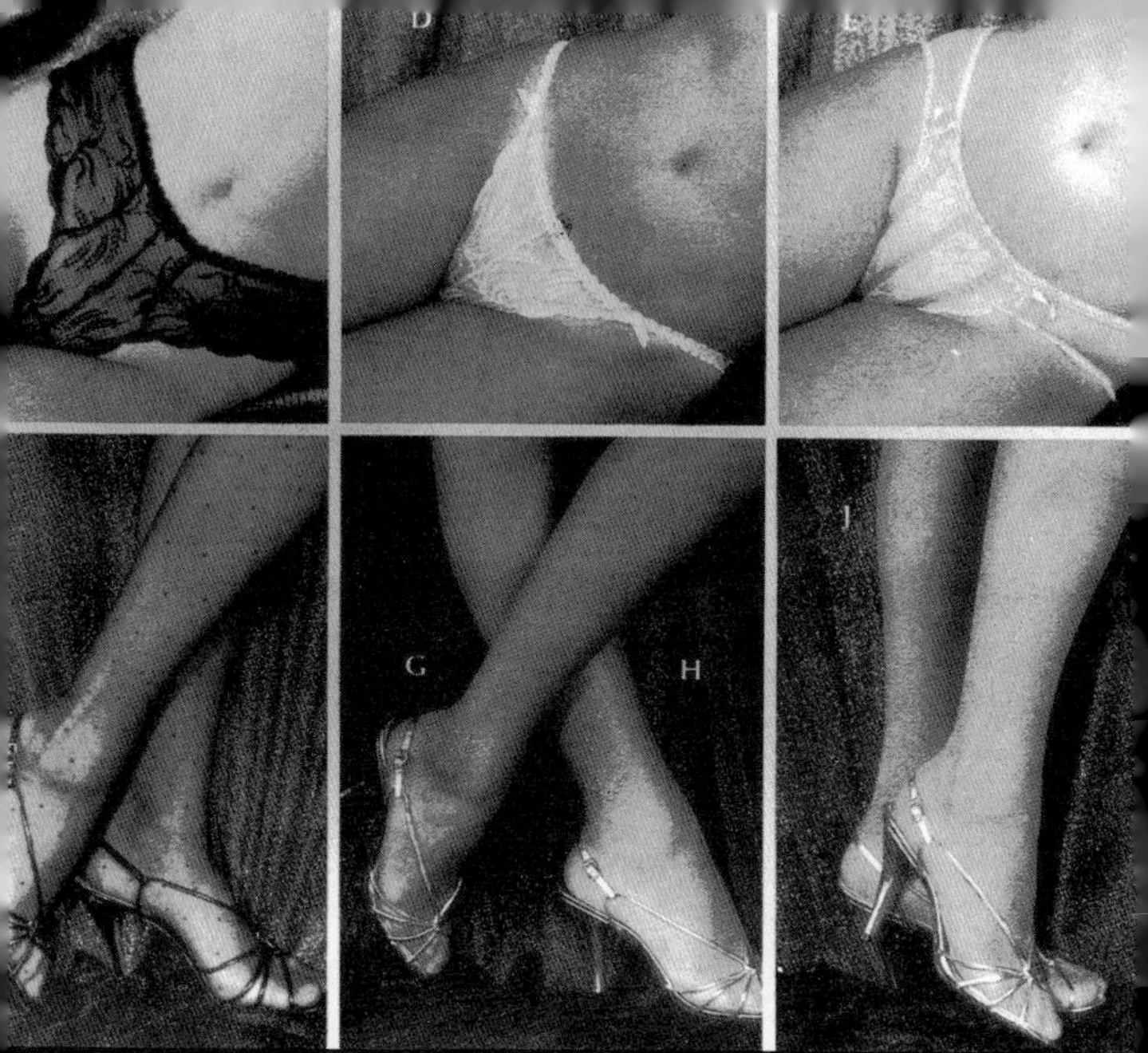

脚と下着——オートエロティシズム

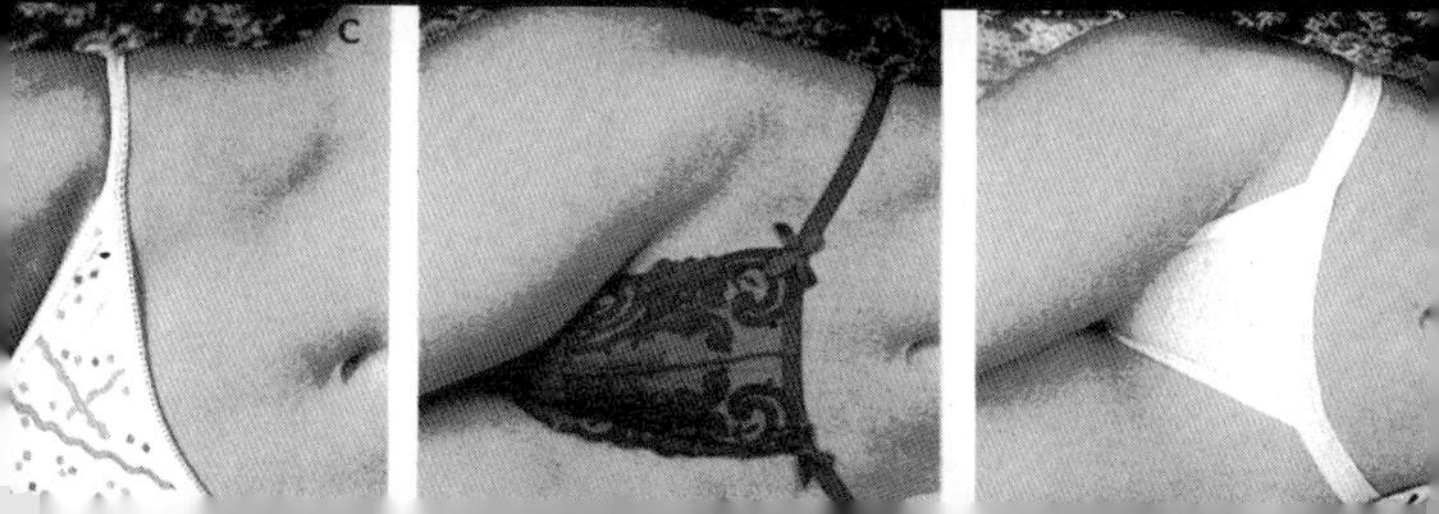

1983
Summer

女の子は一部、自己管理に移行する

私は非常に過保護な娘でしたから母親に何もかも洗ってもらっていました。母親が自分の娘がどんなに自分に依存的な娘かということを、なかば愚痴、なかば誇らしげに「この子はハンカチやパンツまで私に洗わせるんですよ」とまわりの人間に言っていたことがあります。ところが周囲のもっと躾《しつけ》のいい女の子たちは、大体初潮を迎えてからは、パンツとハンカチは自分の手で洗うのが娘のたしなみだったのです。とくに経血で汚れたパンツは他の洗濯物と分けて、自分でひっそり手洗いするものでした。

洗濯の中には〝汚れ〟の観念があります。たとえば上着と下着で盥《たらい》は別にするとか、ハンカチと靴下は一緒に洗わないとか、男物と女物は別にするとか、洗濯の一回当たりの量が少ないときにはそういう区分がありました。家事評論家の犬養智子さんが「家事革命」をいいだしたのが一九六〇年代の初めです。あの頃、犬養さんがズックや運動靴を洗濯機で洗うといったら、主婦から大顰蹙《ひんしゅく》を買いました。そういう合理性はすごく嫌われたのです。犬養さんはジャガイモも洗濯機で洗うと皮がむけていいとかいっていたほどです。ということは、逆に靴下や下着とシャツや上着を一緒に洗うということがそれほど嫌われていたということを証明します。

一回当たりの洗濯量が少ないときや手洗いしていた時には分けていたはずの洗濯物も、やはりハードのほうが勝手に習慣を変えてしまいました。洗濯機が大型化して、どんどん省力化が進み、洗濯の回数を減らそう、まとめてやってしまおうというふうになってくると、もう分けていられない。そうなると、靴下もシャツも一緒に洗うようになります。そうなれば、自分の分だけを手洗いするなんて習慣は、逆に吹っとんでしまいます。

男の子の疎外の深さ

下着の選択と管理が母親の支配のもとにあって、それが性器の管理につながる、というのは、男の子の場合も同じだと思うのです。むしろもっと強いでしょう。女の子の初潮に対応するものに、男の子の場合は、たとえばオナニーや夢精があります。性的な分泌物で下着が汚れる場合があります。第二次性徴以降、そういう徴候が徐々に出てくるのですが、その秘密を握ってしまうのは母親です。ですから、男の子のほうがもっと疎外が深い。つまり自分の下着を自分で洗っちゃいけないという禁止がありますから、汚れた下着をどんなことがあっても母親に渡さざるをえないのです。いつ何が起きたか、母親は全部知っています。これはほんとうに怖い、徹底した性器の管理です。そういう性器の周辺に生じてくるいろいろな変化を、モノとしてのパンツがすべて表現してしまいます。

女の子の場合は、たしなみのいい家庭では、初潮と同時に自分の下着だけは自分の管轄に移ります。生理帯というのは、基本的には母親に洗わせてはいけないものなのです。おまけに生理は予告なしに始まりますから、パンツが血で汚れることはしょっちゅうです。経血で汚れたパンツは基本的には自分で洗うものでした。だから、初潮を契機に、女の子の場合には、パンツは自分で洗うという習慣ができますが、そういう選択肢を男の子は持てません。

そういう意味では、男の子の場合、洗濯をつうじて果てしない母親の性器管理が続きます。ひどいときには、たとえば田舎から東京に下宿している子供のところに、母親がわざわざ故郷から下着の洗濯に来るというケースもあります。帰省のときのバッグの中は全部洗濯物。宅配便が出始めたら宅配便の定期便で洗濯物が届く。息子がもういい年して、大人の男になっても、「下着は全部、私に洗わせるんですから」という母親の自慢げな言い方が出てきます。そういう関係が確立してしまうと、独立して自分で生活していても、母親の手に性器のリモコン装置が握られているようなことになります。

妻と母親との覇権争い

その後、そうした気の弱い男の子が結婚すると、管轄権が自動的に妻に移ります。今度は下着と性器の管理について、妻と母親のあいだの戦いが始まります。これはある若年離婚のケースですけれども、新婚のカップルのマンションに母親が衣替えのシーズンになるとやってきて、息子の下着の簞笥を点検して、古いものを新しいものに取り替えて帰るということをやっていました。妻はそれが腹に据えかねて、「お母さんにそういうことをしないように言ってちょうだい」と夫にいいますと、夫が「どうして？」という。「だって、お母さんは親切でやっているんだから、いいじゃない？　好意でやってるんだから受けとけば？」と答える。妻の不快感がどうしても伝わらないのです。このケースの場合、下着に限らず一事が万事、母親との密着が強くて、結局離婚に至りました。大体そのタイプの離婚だと、妻の方の決まり文句は、「あの人は悪い人じゃないんだけど……」というものです。男のほうは大体みんな気が優しい。「彼はいいけど、でも、お母さまがね……」というう。その「お母さまがね……」というときの、自分と母親がもっている関係に対する妻の不快感が伝わらないのです。

最近、若年離婚で「親族関係の不和」という要因が離婚原因のかなり上のほうに出てきていますが、これは昔みたいな嫁・姑の葛藤ではなくて、たとえ別居していても、乳離れしない夫とその母親との関係に対する葛藤が原因です。だからたいがい妻は夫に対して「あの人は悪い人じゃないんだけど……」という。この葛藤が下着をめぐって出てくるというのは、すこぶる象徴的です。これはパンツの支配、ひいては性器支配についての妻と母親との間での覇権争いなのです。妻のほうもその覇権を手に入れたいと思っている。どちらに覇権を握られても彼の状況は変わりません。夫の無関心はそこに原因があるのかもしれません。

妻の不快感は彼には理解不可能なものです。生まれてからずっと、母親の強い管理下に置かれていたのですから、パンツそのものは自分にとってよそよそしくて意味のないものになっています。ただ機能として穿いているだけのもので、誰が管理しても同じ、きれいな新しいものだったら気持がいいだけ。とうに性器の自己所有権を放棄していますから、それほどそのことに固着してくる母親と妻の気持はほとんどわからない。性器管理をめぐる母親と妻との葛藤から、男は完全に疎外されています。

かくして主婦は家族全員の下着＝性器を支配する

男は洗濯を自分でする権利を奪われています。逆に自分で汚してしまって洗わなければならないことがあったときには、ひどく後ろめたいもののようです。幼児の頃におねしょしたのと同じような罪悪感と後ろめたさを抱えながら、隠れて洗わなければなりません。それは生理帯を女の子が洗うのとまた違う後ろめたさです。女の子の場合は、初潮以後には下着の洗濯は公認されるというか、むしろやらなければいけない義務になります。そんなものまで母親に洗わせるなんて、ということになりますから。しかし男の子の場合は、性的に成熟しても下着は自分で洗わなければいけないなどという義務は決して出てきません。家庭の中ではむしろ禁止されます。パンツの枚数が足りないと、「どうしたの、あのパンツは？」といわれたりする。枚数管理まで徹底しています。

このこともハードと関係がありそうです。洗濯機の大型化で、何もかも一緒につっ込んでしまうというふうになりました。そうすると、娘のパンツも息子のパンツも、下着も上着も全部一緒に洗ってしまう。それは全部主婦の掌中にあります。干したりたたんだり、彼女はこうして、家族全員の下着＝性器を俯瞰しています。

夫が妻の下着を干す気分

逆のケースでは、最近ディンクスとか、働く忙しい妻を持った夫が洗濯を分担しているケースがあります。妻のパンティを干す夫の気分というのはどんなものでしょうか。

日本は洗濯を省力化したとはいってもまだまだ乾燥機は普及していません。乾燥機が普及しているのは気候や住宅条件の悪いところだけで、戸外に干せるところだったら今でもほとんどみんな天日乾燥です。日本人は天日乾燥が好きです。日本人というのは好日性が強い民族で、住宅の南側志向がこんなに強い民族はめったにありません。欧米だったら北向きのアパートなんかざらにありますし、部屋代も変わりません。日本でも高級マンションなどでは、最初から乾燥機がついているところがありますが、あっても使っていない人が多い。ひとつは、ランニングコストが高い、もうひとつは、「やっぱりなんといっても天日」だからです。

こうした習慣がある中で、男性が妻のパンティを洗ったり干したりたたんだりするのはなんとなく気恥ずかしいものだといいます。なるべく妻の下着を外に見せないように、まわりを男物のシャツで囲んだりする。それから、自分がやっていることが見られないように気をつかいます。たとえば看護婦さんの夫などで、「洗濯を分担しています」という人はけっこういますけれど、そういう人たちが一様に言うのは、「洗濯物を干しているところだけは見られたくない」。以前は「買物に行く姿を見られたくない。料理は俺がしてやるけれども、ショッピングだけはおまえがやってきてくれ」と言う夫がけっこういました。それが最近はショッピングに対してはタブー視が減って、夫婦で行くとか、夫だけで行くケースもふえてきました。まだタブーが残っているのは洗濯です。ですから、「洗濯物を干している姿だけは見られたくない」。

その上、取り込むのはどうということはないけれども、まだ濡れている洗濯物というのはなま物だから、干すのだけは抵抗がある、という男性もいました。なま物と、乾物のちがいでしょうか。やはりいかに妻のパンティでも、ハンカチと同じような無性格なものとは思えないのでしょう。下着フェティシズムというのは、男に共通してありますから。ただ、フェティシズムですから、変な言い方をしたら、妻と隣の奥さんの下着とは全然違った意味を持つ。そうした気持が逆にはねかえってきますから、妻の下着を干すことに強い羞恥心を覚えるのでしょう。

洗濯は夫の役目、という性分業をやっている夫婦にも、夫の側からの妻の性器管理という感覚はあるでしょうか。そういう立場になったら、きっとあるでしょう。たとえば新しいパンティを買うと、「あっ、これ、見たことない」とすぐわかります。ですから、一般的にいえば、下着を通しての性器管理は、性の違いではなくて、それを誰が管理しているかということによるのではないでしょうか。

新人類の下着事情

男の子にとってのブリーフというのは、基本的には母親の肉体、母親のエクステンションのようです。母親の手がすっと伸びてきて、息子の性器を包みこんでいる――ブリーフにはそういうイメージがあります。

以前、鴻上尚史さんに、「いつからどんなパンツを穿いている?」という取材をしたら、彼は、デカパン――ブリーフ――トランクスのサイクルの中の、トランクス再発見世代に属するらしいのです。「いつからトランクスになったの?」ときいたら、やはり家を出たのがきっかけだったそうです。家にいたとき、母親が子供時代から買い与えていたものは白のブリーフ。家を出てからトランクスになった。あの年代の若者カルチャーのなかには、たとえばお風呂に行ったり旅行に行ったりしたとき、ブリーフを穿いているとマザコンだと馬鹿にされるという傾向があります。「おまえ、まだそういうのを穿いているのか」といわれる。ですからパンツの選び直しが一種の自立につながります。

最近は、男の下着のオプションが増えました。ビキニとか、ジャパニーズ・パンツという名称で再登場したふんどしとか、パターンだけでなく色柄も増えました。トランクスとブリーフの二者択一に代わって、選択肢が増えています。しかし、ビキニ・パンツなどは、母親と同居しているところでは買えないでしょう。もっとも、ビキニ・パンツに対する抵抗は、競泳用のスイミング・パンツが普及して以来、だいぶ少なくなったようです。それにジョギングの流行で、サポーター機能を持った下着が要求されたということもあって、スポーツ・ウェアの側からビキニが普及したという要素もあります。

ただ、たとえばビキニ・ブリーフを常用している若い男性の場合でも、女の前で脱ぐ一瞬を考えて選んでいるかというと、必ずしもそうではなさそうです。見られることを意識して、ということではなくて、やはりこれは、男のナルシシズムだと思います。もっといえばダンディズム。ダンディズムの定義は「人に知られないナルシシズム」というものです。ナルシシズムというのは、逆説的なことに観客が要るものですけれども、観客を欠いたナルシシズムというのがダンディズムです。

トランクスに替える二つの理由

男も女も母親の支配から離脱するということと、下着を自分で選ぶということは同じことのようですが、上着を選ぶよりも、心理的な葛藤はもっと切実なのではないでしょうか。上着はわりに早い時期から、「この子は自分の好きなものしか着ないんですよ」とか「わたしがあてがったものじゃ嫌がるんですよ」とかいう母親がいても、下着は自由に選ばせないのではないかと思います。

男の子が家を出たときブリーフをトランクスに替えるのには理由が二つあるようです。一つめの理由は、既に述べた母の性器支配からの離脱。これは私の解釈ですが、彼らは意識していないかもしれません。もう一つはものすごく即物的な解釈ですが、本人たちは汚れが目立たないからだ、といいます。つまり接触部分が少ないから洗濯回数が少なくてすむ。男の子が一人暮らしになったら、原則として自分で洗濯をしなければなりません。そうすると、回数を減らしたい。ブリーフだと、毎日替えなければ気持悪いけれども、トランクスだと、二、三日穿いていられるというのです。

それと、トランクスというのは、どちらかというと、下着ではなくて、外着なのです。

そのままの格好でウロウロできる。ジョギング・パンツの普及が拍車をかけました。だからわりとアウターみたいな感じになってそのままのかっこうでいられる。

新人類も妻による支配を受けるか

私の興味は、いったん家を離脱した男の子が下着の選択のし直しをしたあと、彼ら新人類も結婚しますから、今度は妻による選択のし直しが再度あるのだろうか、ということです。昔は男も女も、母の支配から妻の支配へ、あるいは女であれば父の支配から夫の支配へ断続なしに移行しました。しかし、今はシングルの期間が長い。そのシングルの期間にトランクスを選んだ男の子たちもカップルになるときに、今度は妻の支配を受け入れるわけです。そのときにトランクス派はどうなるのでしょう。

シングルの期間というのは、かってはセリバシー（禁欲）の期間でしたが、今のシングルの期間は自由な性交渉の期間です。女の子たちはその時期にシングルの男の子のトランクス姿に慣れています。しかも男の子たちは「これ、可愛いでしょう?」とか「これ、なかなかカッコいいでしょう」とか「これ、僕が選んだんだ」とかやっているわけですね。だから女の子も慣れていて、ファッション性という見方で許容していくのかもしれません。

それともブリーフを再強制するという形になるのでしょうか。

一つのケース――象徴的な交換儀礼

というのは、私の若い友人でこういうケースがあったのです。彼女は、夫と一緒に暮らし始めたときに、無自覚に夫のトランクスをすべて捨てさせて、ブリーフに替えたというのです。結婚を機会に夫の下着を変えたという例は他にもありますから、彼女が特殊だったということではなさそうです。そのとき彼女は何を考えていたのか。自分と暮らし始めることによって相手がそれまでの過去と訣別するということを表わす、一種の象徴的な儀礼だったのだろうと思います。だから彼女は彼に過去の下着を捨てさせた。彼のほうは唯々諾々と従いました。でも、彼も彼女にあるものを捨てさせました。彼女が彼に捨てさせたのは過去のトランクス、デカパンでしたが、彼が彼女に捨てさせたのは、ぬいぐるみでした。

それがお互いにとっての一種の通過儀礼だったのでしょう。彼女はぬいぐるみマニアで、けっこうたくさんもっていました。ベッドにはいつもぬいぐるみがあって、一人では眠れないほどでした。ひとからももらいましたし、自分でも買いました。そのうえ自分で作ったものまであって、一種のぬいぐるみフェティシストでした。それを彼は「僕がいるんだから、ぬいぐるみはもう要らないだろう」と言って捨てさせました。

ところが彼女はぬいぐるみをなかなか捨てられない。ぬいぐるみには一種のフェティッシュな人格がありますから、ゴミに出すわけにいかないのです。小物は涙を飲んで捨てたらしいのですけれど、大物で長いあいだ一緒にベッドで寝てきたぬいぐるみは、恋人のようなもので、なかなかそうはいかない。そういう女の子はたくさんいます。思い入れが強いから、どうしても人格になっているのです。里子に出すことも考えたけれど、先方がきっと迷惑するだろうと思う。こっちの思い入れと先方は何の関係もないわけですから。そのときに彼女が頭をしぼって考えたのが、コインロッカーに捨てに行くことでした。そして実際に捨てに行きました。だから心理的なリアリティということでいえば、たぶん彼女にとっては、前の男とのあいだにできた子供を新しい男をつくってコインロッカーに捨てに行く女の心理と変わらなかったのではないかと思います。

彼はそれだけは強制しました。「一緒に暮らすんだったら、ぬいぐるみは全部捨ててくれ」と言って。おもしろい交換です。このカップルの場合、知らないうちに一種の象徴的な交換をやっているのです。

3

現代

パンティはカジュアル化する

あてがい扶持の白い下着

パンティを毎日替えるようになった最近は、女の子でも、男の子でも、たとえば旅行に行くとき、一週間行くのなら一週間分パンティを持っていきます。昔は同じものを一週間分揃えていきました。今でも母親が揃えるときには同じものを揃えます。

ブライダル用品のリストの中には新しい下着一式というのがあります。ワコールの販売戦略の一つに、ブライド用の下着セット一式というのがあって、これはパックの総額が高いですから、母親が買って持たせるのです。地方によっては簞笥《たんす》の中身を全部見せる習慣のあるところがあります。昔はそこに和服が詰まっていたのですが、最近は洋服も下着も詰める場合がありますから、そういうのを全部一通り見せることもあります。ブライド用の下着一式というのがお産用品のリストみたいにあるのです。ガードルがいくつ、夏の下着がいくつ、スリップがいくつとかいうリストを作って、販売戦略をしています。

それで実際、今度結婚なさるお嬢さんに、という取材をしたりして、お母さまと一緒にこれだけのものをお買いになりました、というようにデータを出していますが、けっこう何万円も下着に支出しています。どうかすると十万円単位ぐらいになります。下着というのは、もともと単価が小さいものですから、商いが小さい。ですからブライド用の下着セットというのはいいマーケットなのです。たとえばショーツを二十とか、ブラジャーは夏用が三つ、冬用が三つとか、コルセットが二つとか三つとか、ボディスーツがいくつとか、そういうリストになります。下着ショップで母親をつかんでいるところでは「お嬢さんがお嫁にいらっしゃるときには、ぜひうちで」という売り方をしています。

そのとき下着の選択権は母親が持っています。お金を出すのが母親だということもありますが、対象が花嫁ですから、たとえ現実にはそうでなくても処女性というのがシンボル的な価値を持っています。すると、やはり白とかのクリーンなイメージを優先します。娘はそこで自己主張できないのです。だから実際には、後になってみると、お嫁にきたときに持ってきた下着で、気に入らなくて着ていないものがけっこうあったりします。結果的には無駄なんだけれども、それでも十年分ぐらい用意してしまったりするのです。そういう下着セットを持ってお嫁に行ったら、何年間かは母親の下着支配の延長が続くことになります。

ワコールのPR誌に、ハワイに新婚旅行に行った人のケースで、「一週間の旅行で持っていったショーツの数が二十」という例がありました。一度脱いだ下着は二度と着ないという理由で、それだけ持っていったそうです。これなど病的な潔癖さを感じます。

女は毎日パンティを替える

女の子が自分で下着を選び始めると、もう同じものを一週間分とかは選ばなくなります。一点一点替える。ちょうどハンカチ・コレクションと同じで、今度は一点一点違うものを選ぶ楽しさが出てきます。そうでないと、あれだけランジェリー売場が広がりません。同じものが一週間分揃っているなどというのはわりと躾が旧式なお宅のお嬢さんで、そうでない人たちはもう色とりどりで、毎日毎日替えています。そうすると、毎日毎日下着を選択している。きょうは何にしようかなとか毎日考えながら穿く。これはかなり新しい現象です。これだけ膨大な数の女の子たちが毎日パンティを選んでいるというのはたいへんなことだと思います。下着売場にいけば、ほんとうにカラフルな種類の違うパンティが、バスケットにウワッと詰め込んでありますが、いま女の子たちのショーツ・ケースはほとんどあんな感じになっています。

それから、ここのところパンティのギフトが増えました。つまりパンティというものがタブーから解き放たれて非常にカジュアル化しました。女の子同士で贈りあう、そういうケースがすごく多くなりました。私も女友だちからよくパンティをもらいますし、女友だちにもよくあげます。パンティの選択肢が増えたから、ちょうどハンカチを贈る感覚で贈りあうのです。たとえば人からもらったものだと、これは彼女の趣味で私ならとっても選ばないけれど、でもおもしろいから穿いてみようかしら、という面白さがあります。ネクタイなどでもそういう感じがありますが、下着の場合でもそういう感覚がけっこうあります。私は海外に住んでいる日本人の女の子へのおみやげは、ほとんどパンティです。

それから海外旅行に行くときにお友だちがお餞別にくれるものも、パンティが多い。旅行に行く人にパンティをあげるというのは合理的です。海外に住んでいる日本人の女の子にパンティをあげるのは、とくにアメリカに住んでいる場合はそうですが、パンティが身体に合わないからです。

まずサイズが巨大です。それから素材がナイロントリコットが非常に多いために、蒸れて気持が悪い。コットン百パーセントが非常に少ない。日本人の女の子はお尻が小さいから、股上が腰骨の上までくる。私は何人ものアメリカ人の女の子と暮らしたことがありますが、洗濯物をみていると、ものすごくパンティが大きい。しかもナイロンのペラッとした、ツルンとして気持の悪いものばかりで、コットンを探すのがたいへんなのです。だからビキニタイプのコットンの、うんと可愛いのを選んで持っていきます。それはアメリカ人にはあげられない。アメリカ人は、かなり華奢に見える人でもお尻はすごく大きいです

やっと見つけたコットン100パーセント。ニューヨークの下着店にて（撮影＝著者）

ホモ・セクシュアルの男とパンティ（*Photo Hi-Fi Italiana*, 1982）

から、入らない。見ると、アメリカ人はみんなゲラゲラ笑って「まるでキャンディー・ラッピング・ペーパーだね」という。だから「日本人の女の子のカントってキャンディーみたいなもんよ」といい返すのです。

シスターフッドの奥深い親密さ

もっとも、お互いにパンティを贈りあうのは、かなり親しい間柄の友人です。女友だち、シスターフッドというのはおもしろいもので、人格が溶解するみたいな独特な親密さを持っています。洋服をとりかえっこするのはもちろん、あとちょっとのところで下着までとりかえっこするようなきわどい親しさが成り立つことがあります。女同士のあいだには一種の非常に身体的な親密さが存在することがあります。言語的なコミュニケーション以前に、ヒタッと体が寄っていく感じがあるのです。

女学生同士のシスターフッドは、レズビアンと見られたり、異性愛への前段階と思われたりしがちですが、必ずしもそうではありません。異性愛を経過したあとの女たちの中にも、身体的な親密さが成り立ちます。ボディタッチやスキンシップがすごく多い。触るし、ひっつくし、抱き合うし、そうしたスキンシップは女性の間ではふつうです。身体接触はシスターフッドの一つの戦略です。つまり、一定の親しさのある人たちのあいだでそういうことをするというだけではなくて、逆に親しさをつくりだすために身体的なインティマシー（親密さ）を利用するということがあります。

パンティを交換するというのはそれとよく似たところがあります。「シスターフッド」というのは日本では「姉妹愛」と訳しますが、文字通り一種の姉妹関係なのです。姉妹の間には、身体的なインティマシーと、人格が溶解するような関係があります。

姉妹は代替可能な存在

文化人類学でいうと、シブリング（sibling 同胞）――同じ母から産まれた兄弟姉妹――は人格的にはサブスティテューティビリティ（置き換え可能性）があると考えられています。人類学の用語に、ソロレート婚とレビレート婚というのがありますが、ソロレート婚は姉妹逆縁婚、レビレート婚は兄弟逆縁婚と訳します。

たとえば、姉娘が嫁《とつ》いでからすぐ死んでしまったとします。夫方は普通、婚資を払っていますから、そういう場合、婚資を受けとった側は、粗悪品を送ったというので返さなければいけません。婚資は巨額の富ですからなかなかすぐには返せません。その上、受けとった婚資は、だいたい婚姻交換のために使い果たしています。結婚に際して花嫁側の親戚縁者からいろいろな援助を受けていますからお返しに大盤振舞いします。そうやって、夫方からきた婚資を親戚縁者ネットワークをつうじて細分化して分配しきっていますから、今さら返せといわれても、おいそれと返せないのです。返さずにすむ唯一の方法は後釜を送ることです。そこでは現実的にも理念的にも姉妹というものは代替可能である、人格的に置き換えることができる、という観念が成立しています。妹は姉の身代わりができる、という感覚が共有されているのです。

妻が先立つときに、たとえば病床で妹に後妻になるように頼んで死ぬ、などというケースは日本にもあります。制度としてあるだけではなくて、心理的にも姉妹のあいだに一種の一体感が成り立っていますから、姉妹が一人の男に嫁ぐとか、叔母・姪が一人の男に嫁ぐというケースは、一夫多妻制の社会では昔からけっこう多いのです。

「母たわけ子たわけ」、母と子と犯せる罪、というのが「天津罪《あまつつみ》」の中にありますけれど、母と娘という世代のカテゴリーをこえて同じグループに属する女と関係を結ぶのは、近親相姦でタブーです。だから、かりに実の娘でなくても、妻の連れ子を犯すというのはタブーなのです。けれども、同一世代に属する姉妹のあいだでは、代替可能性というか、人格がコピーされているという観念が当事者にも社会にも分け持たれていて、姉妹が夫を共有するというときの姉妹はけっこう仲が良かったりします。一夫多妻制の社会で夫がいちばんてこずるのは妻同士の争いです。その妻同士の葛藤を避けるための工夫として、あらかじめ仲の良い女たちを娶《めと》る。その仲の良い女たちの関係は、主として姉妹か叔母・姪です。

そういうことがあるくらいですから、妻が自分の愛した夫を自分の分身である妹に託していく女心というのは決して不自然ではありません。姉妹はライバルにならないのです。

姉妹はパンティを共有するか

女たちの身体的なインティマシー、つまり自我の境界が溶解しあうような親密さに私は非常に興味をもちました。姉妹のいない私にとって女は異文化でしたから、よくわからなかったのです。私が長いあいだ女と付き合わなかったのは、女との距離の取り方がどうしてもわからなかったからです。未知の生き物だから、かえって異様に距離を取って近づけない。若い頃には、女と会うときにはいつも緊張していました。女遊びの味を覚えてからはそういうことはなくなりましたけれども。

男とのほうは社会的な、あるいは文化的なコードが男と女の関係を規定しているものですから、身体的な距離をとることも、それを侵すことも、非常にやりやすいし、学びやす

女同士のインティマシー

透ける下着

かった。だから男との関係は簡単だったのですが、女との関係はほんとうにむずかしかった。それで姉妹のいる人が羨ましかったのです。

姉妹同士の関係をみていると、まず、洋服を平気で取り換えるのです。朝起きたら、きょう着ていこうと思っていたのがなかった、お姉ちゃんが着て行ったとか、「あっ、いいわね」と取っていっちゃったり、スリップなんかもそういうことをやっているらしい。どうも、もしかしたら下着の共有までやっているのではないかという気がするぐらい。

いままでのところ、聴き取りをした範囲では、パンティまで共有しているという人はいないのですが、あのインティマシーはほとんどパンティを共有しているのに近い。歯ブラシを共有しているというのはありました。歯ブラシまで平気で共有しているのですから、こういうものを共有できるというのは、自我の境界がどこかで溶けているのです。兄弟の間ではまず考えられないと思います。その意味でシスターフッドとブラザーフッドは全然違います。そういうシスターフッドが成り立つところでは、下着のプレゼントというのはわりと普通に出てきます。

「マラ兄弟」と「オマンコ・シスターズ」

「マラ兄弟」という言葉がありますが、その逆は何だろうかと考えてみました。最近になって命名しました——「オマンコ・シスターズ」——可愛いでしょう。「マラ兄弟」というのは、ブラザーフッドの一つの理想です。これは、同じ女性と性経験がある男同士の間で、お互いそれを知った上で、友情を結ぶという関係です。「マラ兄弟」はあっても「オマンコ・シスターズ」はないだろう、女同士ってお互い反目し合うから、というような神話が流布していますけれども、私は「オマンコ・シスターズ」はシスターフッドの原型じゃないかと思っているくらいです。

女同士の関係でいちばん理想的なタイプの関係は、男を共有した女性との関係です。たとえば、同時ではなくとも、元のボーイフレンドにできた新しいガールフレンドとの関係。彼女が自分がかかわった男とどういう関係を持っていて、どんなふうに彼を見ていて、どういうところで苦しんでいるかということをうちとけあって語り合う。共通点もあるし、違いもある。けれど、相手の男に対する洞察力には、愛した女でなければわからない深さと正確さがあります。「あなたも苦労してんのね」という、この同情と理解はなにものにも代え難い。

それに自分の好きな男が好きになる女には、きっと何かしらいいところがあるだろうと思いますし、自分の大好きな女友だちが、自分の好きな男を好きになってくれるというのはうれしいものです。

その逆に、関係した女同士が反目しあうというのは、男による女性の分断支配の一番都合のいい形です。女たちが「女部屋」の連帯をなしとげてしまったら、男にとっては一番脅威でしょう。

シスターフッドがちゃんと確立したら、不倫の果ての愁嘆場などというのもなくなるかもしれません。不倫というのは、いまのところまだ独占型の性愛というのが幅をきかせているから成り立つ概念であって、たとえば妻持ちの男と私が関係を持ったら、その妻と私が、いちばん理解しあえるような気がします。原理的にはそうなのですが、実行はむずかしそうですけれど。

ブラザーフッドは対立的構造をもつ

ソロレート婚は姉妹逆縁婚ですが、レビレート婚は兄弟逆縁婚のことで、兄が死んでしまったら兄嫁と弟が結婚するというものです。これもわりあいどこにでもあって、血縁の兄弟がマラ兄弟になるというケースは制度として成立しています。ポリガミー（一夫多妻制）でもポリアンドリー（一妻多夫制）でも、いちばんよくあるケースは、あらかじめ血縁関係にある兄弟や姉妹が一人の妻か夫を共有するというものです。だから血縁のきょうだいはマラ兄弟、オマンコ姉妹になりやすいのですが、そこでは人格の取り替え可能性、身代わり、コピーという観念が成り立っています。もしそれをシスターフッド、ブラザーフッドの原型としたら、そういう関係を血縁にない同性の他人と持つことも、そんなに不自然なことではありません。

ただしポリアンドリーのほうがポリガミーよりも難しく、ポリアンドリーで兄弟が妻を共有するときにはたいへんきびしい規則があります。いまのところ世界でポリアンドリーの制度が確認されているのはチベットとネパールの奥地ぐらいですが、そこは非常に貧しい山岳牧畜民の社会です。そこでは結婚するための婚資に二、三十頭の家畜を花嫁の親族に渡さないと嫁がこないのですが、数十頭の家畜を殖やすのに最低三年ぐらいかかります。そうすると、兄に一人嫁を取ると、次の弟に婚資を用意するまでに最低三年待たなければなりません。それでも飢饉などがあったらそんなにたくさん家畜を用意できるわけではありませんし、貧しいですから、弟が我慢しなければいけません。兄が嫁を取ったときに、弟は兄嫁と同衾することができる、というのがポリアンドリーの実際の規則です。ただし弟が嫁を取ったとたんに弟は兄の妻に対する権利を失います。だからそれは、婚資との関係で弟に忍耐を強いる一種の代償としての花嫁使用権のようなものです。

妻を共有していても、共有のルールにはいろいろあります。牧畜民なので家畜と一緒に移動しますから、妻を残して山の上に行って数ヵ月間帰ってこないときがあります。兄の妻に対する弟の使用権はそうした兄がいないときだけに限るとか、そういう形でうまく競合を避けています。

だからポリガミーのように一人の夫が複数の妻を同じ敷地の中に小屋をつくって住まわせて、代わりばんこに行くみたいな、その逆を妻がやるような形のポリアンドリーはまずありません。弟は、家を維持するためのスペア、次男坊は予備軍です。それから見ると、ブラザーフッドは基本的に対立的構造をもっています。

「オマンコ姉妹」の至上の相互理解

ポリガミーはもちろん男権主義の産物です。妻同士だってお互いに好きこのんでそういう状態におかれているわけではありません。ポリガミーの社会では魔女攻撃がたいへん多いのですが、魔女とか呪いの原因にしばしば挙げられるのが妻同士の葛藤です。ポリガミーを実行している社会の男たちは複数の妻のあいだの葛藤に手を焼いていることがよくわかります。

たとえば、ある妻に子供が生まれて、その赤ん坊がすぐに死んでしまったりしたら、それは複数の妻のうちの誰かが呪いをかけたんだろうと最初に疑いをかけられます。内心忸怩たるものが男の側にあるのでしょう。その葛藤に手を焼いてきたからこそ、複数の妻をあらかじめ親しい関係にある姉妹同士にしようという傾向があると言えます。

男を共有し合う関係というのは、女の側からいえば、インティマシーの極限です。女には、非常に親しい女友だちとのあいだで、男を共有したいという気持があります。自分がこんなにいい思いをした男を貸し出したいという気持です。もし彼女が幸せそうな顔をしたら「どーお、よかったでしょう」と言う。彼女も「うん、よかったわ」って言う。このときの相互理解というのは至上のものではないかと思います。つまり自分にとって最善のものを自分にとっていちばん親しい女友だちと分かち合いたい、という気持です。

たとえば親しい女友だちが非常に悲しんでいるとき、私が彼女をどんなに抱きしめて慰めてあげても、女だというだけで彼女の核心に届かないというときに、マラ一本あればすむな、男に抱かせるのがいちばんだな、と思うときがあります。そのときに自分の男を貸し出してやりたい、それですむならいくらでも貸してあげる、それで幸せな気持になるんだったら、私を幸せにしてくれた男だから間違いない、そういう気持があります。ほんとうに嘆き悲しんでいる女には、なにか内側に入り込んでくれるものがなければどうしようもないときがあって、女の私にはできないけれど、男だったら、と思うからです。

ウーマンズ・ワールドの理想は「男いらずの共同体」

ただ、こういう関係の仕方というのは、女同士のシスターフッドが、男を媒介にできあがっている、一種のツイン・シスターズ（双生児の姉妹）のような関係です。もしかしたらそれが、いまみたいなヘテロセクシュアル（異性愛）な社会でのヘテロセクシュアルな女の限界かもしれません。もっとレズビアンみたいな関係になると、媒介抜きにヒタッと寄り合うような関係がつくれますから、このオマンコ姉妹のシスターフッドというのは、ヘテロセクシュアルな女のつくるシスターフッドの限界だとも言えます。それは骨の髄まで女がヘテロセクシュアリティにはいつでも媒介というか、鏡が要ります。それは骨の髄まで女がヘテロセクシュアリティに冒されている証拠かもしれません。でも、女がこれを払拭したら男が要らなくなってしまいます。

シスターフッドは女の女に対する愛情ですけれども、女に対する愛情をヘテロセクシュアルな女は男という媒介を通じてしか表現することができません。だから、媒介抜きで、男要らずのシスターフッド、男要らずのコミュニティーをつくりたいというのが、フェミニズムの理想の中にはあります。これを主張したのが、レズビアン・セパレーティズム（レズビアン分離主義）でした。

女たちはそういう女同士のコミュニティーをつくりあげて、ハッピーな顔をしています。ただ、あのハッピネスはカウンター・ハッピネス、対抗するものがあるあいだだけのハッピネスで、ヘテロセクシュアルな世界がもしなくなってしまえば、もしかしたらそのハッピネスも消えて、あとは索漠たる世界しか残らないかもしれません。でも、ほんとうをいうと、女のオートエロティシズムの究極のゴールは、女同士でも、自分自身との関係でも、夢は男要らずのユートピアじゃないかとも思います。

「男要らずの」といったときには、まだ対抗的な観念構造をもっています。ですから私の仮説は、レズビアンの人はこれを言うと怒りますけれども、レズビアニズムはヘテロセクシュアル・ワールドの副産物である。だからヘテロセクシュアル・ワールドが存続するあいだしか続かない、つまりレズビアニズムはカウンター・イデオロギーだ、ということになります。つまりレズビアニズムはきわめて時代的なイデオロギーだ、社会がヘテロセクシュアルに編成されきったときに、それへの反動として生じた歴史の産物だ、だから時代が変われば変わる、と思っているのです。でも、レズビアンの人たちは絶対そうは言いません。「あなたたちはヘテロセクシュアリティに抑圧されているから、女の本来性に気づかないだけだ」と言うでしょう。

パンティを替えると性器の気分が変わる

パンティの実用主義的なカジュアル化が進んで、何を選ぶかという選択肢がすごく増えました。気分で選ぶという場合もあるし、TPOで選ぶという場合もあるし、上着との関係で選ぶという場合もある。それから聴き取りをしてわかったことですが、地味な格好をしているときには派手なパンティを穿く。誰も知らないわけですから、気持がちょっとだけ浮き立つ、そういう心理効果というのもある。このようにいろいろな選択があるのだけれども、これほど選択の幅が拡がった中から、あんなに毎日毎日大きい振れ幅で選ぶという行為は、一体何を意味するのだろうかを、考えてみます。

パンティは性器のラッピング・ペーパーですから、多様な選択肢の中から毎日パンティを取り替えるという行為には、ちょっと飛躍した言い方ですが、ファッションと同じようにそれで性器の気分が変わる、という感覚がひそんでいます。それは一種の性器のパーツ化、カセット化が女の子の間で進んでいることと無関係ではありません。

カセット化というのは、カセットですから、取り外しができるわけです。だからラッピングを替えることによって性器の気分が変わります。

もともと男性にとっては、自分の性器というのはかなりカセット的なものです。分離可能なデタッチャブル・パーツという感じがあります。女の子があれだけパンティをさまざまな意匠で替えるようになったということと、女の子にとって性器がデタッチャブル・パーツになったということとは関係があるのではないか、という気がします。いわば、性器に対する感覚が男性器なみになってきているのです。

パンティのカジュアル化と性行動のカジュアル化

女の子のセクシュアリティが男性化しているのは確かなことだと思います。

儀礼の中にはピューリフィケーション・リチュアル（浄化儀礼）というのがありますが、たとえば、ある男と寝たときに穿いていたパンティを、別な男とできる可能性があるときには穿かない、という切断、祓《はら》えのしくみです。場所やモノには一種のフェティッシュな

ハリウッド・スタイルから SM まで。遊び用下着グッズのカタログ

...asque with **underwired** cups for shapely
...ghtly boned to contour and smooth your
...stable straps and garters. Unhooks in
...hing eyelet G string with cotton shield

$40 Sizes 32-34-36B, 34-36C cups
-10 WHITE

$6 S-M-L
-10 WHITE

...PHANT TEDDY
...e you are in this celebrated lace over
... It's lacy soft and sheer, and **underwired**
...e most of you. High cut legs have
...garters. Plus adjustable straps and hidden
Sizes: 32-34-36 (fits average cup size)
...46 TEAL with Black **$32**

...ylon **stockings** etched with delicate roses.
...shadow toe. **One size**
...01 BLACK $9 pair

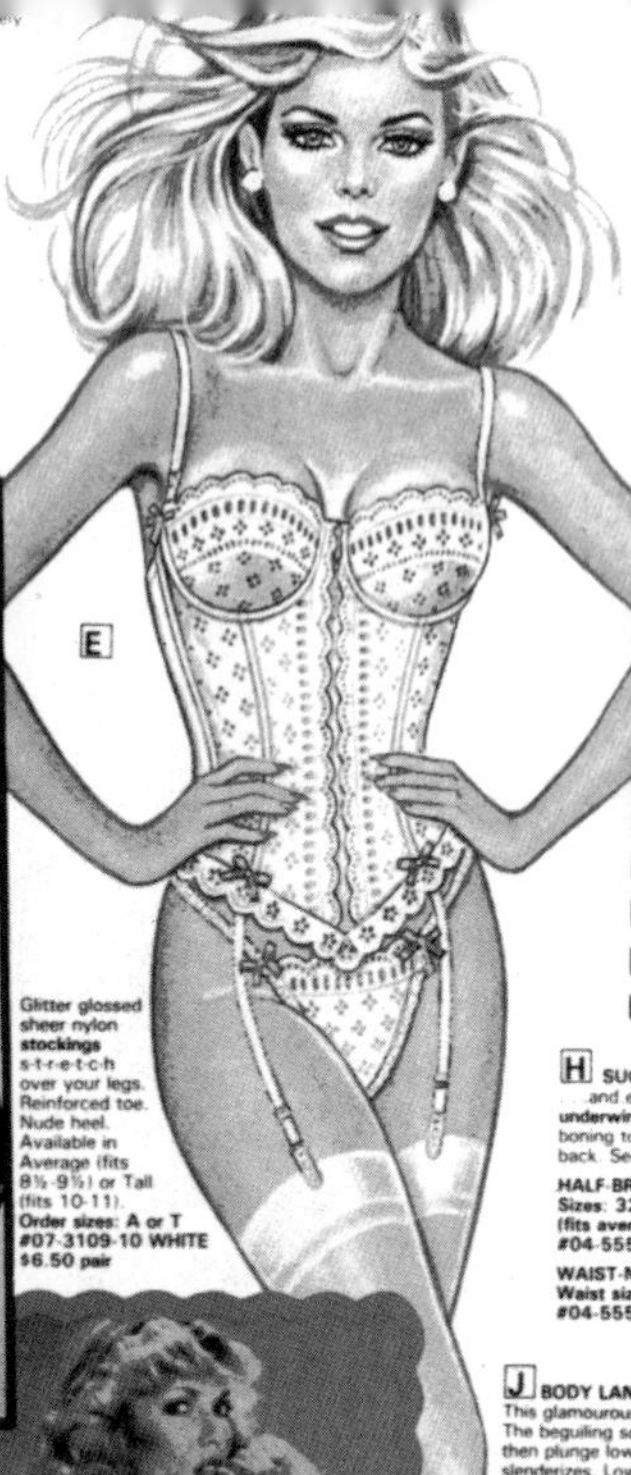

Glitter glossed sheer nylon **stockings** s-t-r-e-t-c-h over your legs. Reinforced toe. Nude heel. Available in Average (fits 8½-9½) or Tall (fits 10-11).
Order sizes: A or T
#07-3109-10 WHITE
$6.50 pair

H SUGAR 'N SPICE

...and everything naughty. Bare nipples are lifted by **underwired**, lace half-cups. Waist-nipper features contour boning to eliminate midriff bulge and control your hips. F... back. Seductive Black lace with "little girl" Lavender trim

HALF-BRA $11.50
Sizes: 32-34-36-38,
(fits average cup)
#04-5550-01 BLACK

WAIST-NIPPER $18.50
Waist sizes 24-26-28-30."
#04-5551-01 BLACK

Lace top seamed nylo...
stockings in Average
and Tall lengths.
Order sizes: A or T

#07-3120-01 BLACK
#07-3120-24 TAN
2 for $10.88; $6 pair

J BODY LANGUAGE

This glamourous body smoother shapes your feminine form with... The beguiling scalloped lace top with **underwired** cups lift, shape then plunge low! The light and silky **Lycra®** body smooths and slenderizes. Low back with adjustable straps. Snap crotch.
Sizes: 32-34-36B, 34-36-38C, 34-36-38D
#04-5012-55 LILAC
#04-5012-01 BLACK
$28 for B and C cups
$30 for D cups

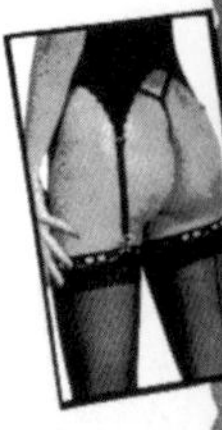

...ENUS MINI-BASQUE
...ess of love. **Underwired**
...ps lift and shape your
...ts. "V" beading is
...d ... slims your waist and
... back clings to smooth
...straps. Detachable
...udes matching G string
...4-36 (fits average cup)
...01 BLACK $28

象徴的価値がつきますから、たとえば初恋の人に初めて会いに行ったときの服は大事にとっておくとか、その服で別の男には会いに行かないとかいうのと同じようなことが、下着にもあります。それを全く逆から読めば、下着さえ替えれば気分が変わるんだから、自分自身をピューリファイ（浄化）できるのです。切断しさえすれば、何をやってもいいのです。

パンティを替えることで性器の気分が変わるとは、そういうことであるような感じがします。パンティをあれだけ対象化するということは、性器を対象化するということです。ある意味で、それだけ性器に関する意味づけが性器プロパーから周辺的なものに移って拡散してきている、ということです。そういう意味では、女の側にも一種のフェティシズムが出てきている。おそらくそれは、女にとっても性器というものがデタッチャブルなものになった、つまり性器は自分の全人格と関わるわけではなくて、パーツにすぎないんだ、という感覚と、どこかで結びついているような気がするのです。

ですから、パンティがカジュアル化したのと同じ頃から、性行動もカジュアル化してきました。セックスというものが女にとってフェイタル（運命的）なものではなくなりました。たとえば、生まれて初めて寝た男は自分にとってそのあとの性的な運命を刻印する存在であって忘れられないとか、いっぺん寝たら責任とってよとかいう話は、もう笑うべき話になりました。いまどきそんなことを言う人は、めったにいなくなりました。ですから全体的には社会的に男性の女性化が起きているけれども、一方では性行動に関しては、女性の男性化が進んでいるとも言えます。パンティのカジュアル化は、性器のパーツ化の指標のようです。

4

心理

鏡の国のナルシシズム

異様にワイセツな日本のポルノグラフィー

日本のポルノグラフィーにビニ本文化が果たした役割は、きわめてユニークだと思います。ビニ本文化が、というよりは、ヘアと性器を見せてはならないという日本の倫理コードの役割、といった方が正確ですが。日本のポルノグラフィーは欧米と比較しても異様に猥褻な感じを与えます。ディスプレー（表示）とか、ポスチャー（姿態）とか、送るメッセージが非常にエロティックで猥褻です。ソフト・ポルノなんだけれども、メッセージはハードコアに匹敵する猥褻さです。欧米系はハード・ポルノで、性器は丸出しだけれども、日本ほど猥褻感はない。この違いは何なのでしょう。

最近、アメリカでも日本でも反ポルノ・キャンペーンが盛んです。そのなかでも、日本のポルノは異常だと欧米系のフェミニストたちは言います。ハードな基準からいえば、欧米のほうがバイオレンスだって、チャイルド・ポルノだって、もっとえげつないものがあります。だけど、日本のポルノグラフィーの与える猥褻感はたしかに独特です。その違いをうまく説明できない。彼らもできないし、私もうまくできません。どういうふうに比較すればその違いが見えてくるのか。ポルノグラフィーの比較文化論というのを考えているのですが、方法論がむずかしいのです。

一つの解釈としては、欧米のハード・ポルノグラフィーでは、性的な交渉とか性器そのものを即物的に剝き出しにしますから肉体を物質視していますが、それに対して、日本のポルノグラフィーの猥褻さというのは、男の性的な妄想を増幅することによって生じるのではないかと思えます。

猥褻なのは現実より想像、肉体より心理

ここでは猥褻なのは、現実ではなくて、妄想のほうです。言いかえると、猥褻なのは心理であって肉体ではないのです。現実よりも想像のほうが猥褻であり、肉体よりも心理のほうがつねに猥褻です。だから、宇能鴻一郎や川上宗薫のポルノを読むと、実際の性行為描写ではなくて、心理描写のほうにずっと猥褻感を感じます。そのときに女がどう感じたとか、どう言ったとかいう部分にです。

日本のビニ本文化は、性器を露出してはならないという世界にも稀有な倫理コードのおかげで、爛熟した洗練と発達をとげましたけれども、どうやらそれは法律の抑圧のせいだけではないのではないか、と思えてきます。性器・性交を見せない日本のソフト・ポルノ

の猥褻さは、ハードコアに慣れた西欧人も驚く〝国際水準〟ものです。その「表現力」を思うと、どうやら作り手はパンティを脱がせたくなかったのではないか——脱がしてしまえば、そこにあるのは、ただのあっけらかんとした性器ですから——パンティで覆われたボディの方が、むき出しのボディよりずっと猥褻だ、ということを知っていたのではないかとさえ思えます。

最近の現象では、ムック型の本で、アダルト・ビデオの女優がとっかえひっかえ、いろいろな下着をただ穿いている、というようなものが爆発的に売れているといいます。見かけは一種のパンティ・カタログのようなものですが、それが若い男の人気を呼んでいるらしいのです。ということは、むしろそっちのほうが猥褻感があって、性器そのものはそれほど劣情をそそるものではなくなってきたのでしょうか。

現実よりも想像のほうがつねに猥褻である、という実例には、劇画の白ヌキ性交シーンがあります。日本が生んだポルノグラフィーのなかでいちばん猥褻と感じるのがそれで、もう日本の文化的達成の極みともいうべきものです。あのドキンとする感じというのは、線描リアリズムでファックの場面が描かれている浮世絵の域をはるかに超えています。

ダリのポルノ作品に、脚を拡げた女の股間が空白になっていて、そこに蟻が一匹這っているのがハイパー・リアリズムで描いてあるのがありましたが、どんな性器描写よりもギヨッとしました。

その白ヌキのところに、私が私の妄想を見ているわけです。そうすると、猥褻というのは、私が私自身のことを猥褻だと思っているという循環になります。自意識にとって、自分が妄想しているという事実ほど猥褻なものはありませんから。

「ビニ本」は二重のラップに包まれている

あの倫理コードのおかげで、日本人は、世界に稀にみる猥褻さの文化的爛熟をみました。それを見て欧米人がショックを受けているということなのだろうと思います。

ビニ本モデルのおかげで、スケスケのパンティという妙なものが発達しました。けれども、パンティ自体に性的にアピーリングな要素のある下着はあまり使っていません。むしろ普通の下着に近いものが多いのです。そこではやはり、猥褻なのは心理のほうであって、普通のもの無垢なものを犯すという妄想が重要なのでしょう。

ビニ本文化というのは、下着と性器の関係について、日本型ポルノグラフィーを発達させるための、ひどく特別な役割を果したという気がします。あれは外国にはない、日本文化の産物といえます。しかもそこには、ビニールというテクノロジーによるラップがさ

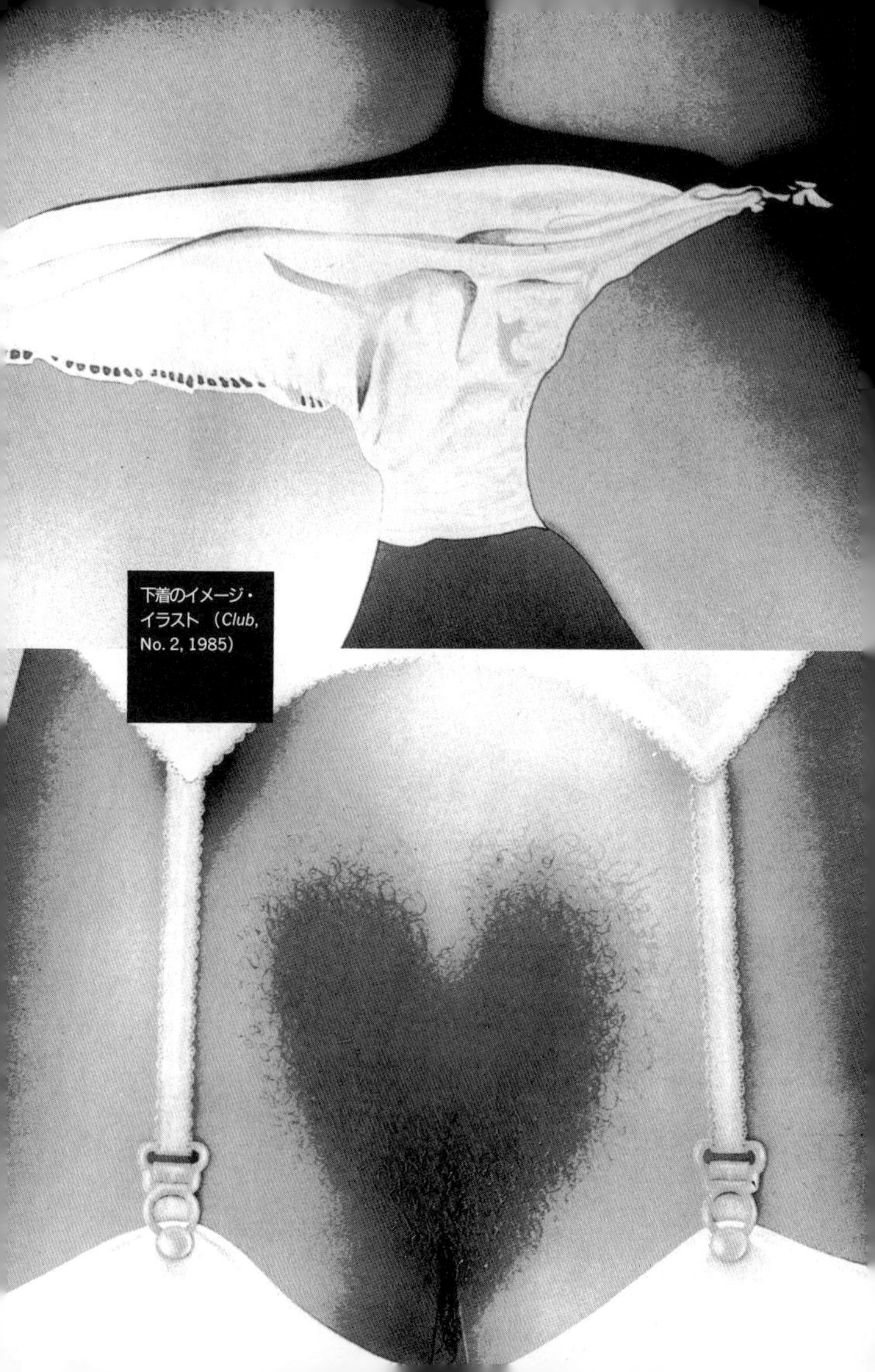

下着のイメージ・イラスト（*Club*, No. 2, 1985）

ノー・パンティ
(*Pin Up*, 1984,
Carrère)

らにあるのですから。

はじめてビニ本という言葉を聞いたとき、私が最初に想像したのは、ビニール・コーティングの本でした。たとえば、オナペットのヌードモデルの写真があって、それがビニール・コーティングしてある。ビニ本はもともとオナニー用ですから、濡らしたり汚したりしてはまずいから、ビニール・コーティングをしてあるんだろうと思ったのです。もちろん考え過ぎです。ここでもやはり、想像のほうが猥褻でした。いま考えると滑稽ですけれども。

アメリカの性科学研究所、キンゼイ・インスティテュートへ行ったときも同じようなことがありました。キンゼイの図書館には閲覧室で本を見ないといけないという規則があります。本を書庫から取ってきてほしいときは、原則としてライブラリアンに頼んで、自分で書庫には入れません。入れてもらえる場合もありますけれども、そのときにもライブラリアンが必ず同行します。ライブラリアンがいないところでは、書庫に入って自分で本を引っ張り出すことはできない規則なのです。私は膨大な量の本を引っ張り出しましたから、ライブラリアンが私のためにものすごく手間を取られる。申しわけないから「放っといて下さい」といったんですが、「それは規則でできません」といわれました。

そのとき真っ先に私の頭に浮かんだのは、ポルノグラフィーが本来の目的、つまりオナニーのために供される可能性ということでした。そうしたら本が汚れる。そのための規則かと思ったのです。そういったら友だちに笑われて、「盗難を恐れているんだ」といわれました。「なに、考えてんだ」と笑われました。私の想像のほうがはるかに猥褻でした。

下着フェティシズムの機構

前にも触れたようにアメリカには男性向けの女性下着カタログがありますが、それを利用してメイルオーダーする男性たちがほんとうに女性器そのものやセックスに関心をもっているかというと、どうもそうではないという気がします。下着に対する関心はセックスと直接関係がない。むしろ下着に対する関心は下着に対する関心でとどまって、つまりどこまでもフェティッシュなものであって、それはむしろ性器に行き着かないためのバリアー（防壁）なのではないかという気が強まってきたのです。

フェティシズムは目標に到達する手段なのではなくて、目標‐手段関係が逆転している、手段そのものが目標化していることを言います。だからこそ、フェティシズムは「倒錯」なのです。

だから、下着コレクターや下着マニアの男たちは、性器に関心があるのではなくて、性器と換喩《かんゆ》的な関係をもった対象物にだけ関心がある。下着コレクターの男や、女性のパンプスにフェティッシュな関心をもつ男たち、そういう男のフェティシズムは性器には直接行きつかない。女が脱ぎ捨てたヒールの高いパンプスには欲情しても、かりに当のパンプスを履いていた女が性器を丸見えにして男の前で股をひろげても、発情しないのではないかと思います。

女の脱ぎ捨てた若干変な臭いのするパンプスのほうが、女の性器そのものよりももっと猥褻なものとフェティシストにはみなされています。ほんとうをいうと、彼はパンティやパンプスの持ち主である女の性器には到達したくないのではないか、フェティッシュとはそういうものではないか、と思うのです。

性器にもっとも近い象徴装置・パンティ

男の欲望の回路の中には、必ずある種のフェティシズムがあるような気がします。それは、ある意味でセックス文化の中で、男のほうが文化度が高いということでもあると言えます。

たとえば、性欲を喚起する装置も、男のほうがはるかに象徴的な文化装置に頼っています。アメリカの性教育協会（CIECUS）によるセクシュアリティの定義は、「セックスは両脚のあいだにではなく、両耳のあいだにある」というものですが、言いかえれば「教養のない人にはセックスは楽しめません。セックスは教養の産物です。セックスは誰にでもできますが、セックスを楽しむことは教養のない人にはできません」ということでもあります。

そういう意味では、男性のほうが象徴装置により多く訴える分だけ、文化的な倒錯を生きているといえます。象徴性はいわば男性性の核をなしています。セクシュアリティは文化的な妄想の産物ですから。

そして、性器にもっとも近いモノとして、おそらく下着が男のフェティッシュな傾向にいちばん馴染みやすいのではないかと思います。だから、性器そのものよりも下着のほうに魅かれるということにもなってくる。下着に対する関心はそれ自体で自己完結していま す。だから決して代理的な満足ではなくて、本物よりもいい、ということにもなります。

山田詠美さんが登場したとき、彼女に対してはいろいろな批評家たちが非難や賞賛を浴びせましたが、そのなかで特に印象に残ったのが、野坂昭如の評でした。彼も山田詠美を絶賛したのですが、その褒め方がきわめてマッチョ的な褒め方でした。——「ようやくオナニズムがわかる女流が現われた」というのです。オナニズムといえば、対象を客体化しぬく倒錯的なしかけのことです。いわば、セクシュアリティの一種の疎外です。疎外がわかる、つまり動物的なセックスではなくて文化的なセックスのできる女がやっと現われた、という驚くべき性差別的な褒め言葉を書いているのが、いかにも野坂さんらしいと思いました。

いま女はやっと動物的なセックスの味を覚えたところです。そのうち遠からず、つまりカセットを取っ替えひっかえしているというだけでは、どっちにしたって自分のカセットでは同じ曲しか鳴らないのだから、つまらないことがわかるだろう。そうなれば、セックスのゴールではなく、そこに至る手つづきの持っている意味の重要性を評価するようになるでしょう。

フェティッシュというのはこれまでは男を定義する属性でした。フェティッシュな男はいても、フェティッシュな女というのは、それだけで論理矛盾みたいなものでした。けれども、これから女もようやく文化的なセックスができるということになれば、フェティッシュな女というのが現われるかもしれません。そうすると、女のなかからフェティッシュな文学が現われるかもしれません。そうなれば、おそらく産んだり育てたりということの意味も非常に変わっていくでしょう。でも、全体としてそれは動物的なパワーを低下させる方向に動きますから、日本人はだんだん滅びの方向に向かうのだと思います。

換喩への固着、匿名への逃避がフェティシズムの本質

男の性欲が文化的なものだということについては、橋本治さんが明快な発言をしています。「男も女も異性と寝ているのではなくて制度と寝ている」——たしかに、セックスを喚起する文化的な装置の助けがなくては、性欲の充足さえままならないのが、本能がこわれた人間という生き物の宿命です。だから男でフェティッシュでないものはいない、とすれば、定義上、フェティッシュでなければ "男" じゃない、という言い方もできます。病的なフェティッシュ、ほんとうのパンティ・コレクターとかパンプス狂いになると、それは一種の病的な倒錯です。が、それも程度の差にすぎません。

パンティ・コレクターにとって、パンティは匿名性を帯びています。パンティ・コレクターで、干してあるものを盗んだり、実際にいったん穿いたものを欲しがる人がいますけれども、それでもそのパンティを穿いた人や干してあるパンティの持ち主に対する関心というのはさほどないと思います。そこでは必ず、パンティが喚起する女は匿名の存在です。それを見ながら、ああ、あの女が、というふうに特定の女を思い浮かべたりはしません。別れた女が残していったパンティの匂いをかいで、女をなつかしがるというのは、倒錯

でも何でもありません。それは、特定の女を思い出すよすが、換喩的な手段になっていて、女に到達することがあくまで目的なのですから。本物の倒錯は、換喩が換喩のまま固着するということを意味します。その時、女は匿名性を帯びます。

匿名的な女というのは、一般性の中に溶かし込まれた女です。いわばリスクのない女、無害な女、安全な女です。フェティシストの心理メカニズムというのは一種の防衛ですから、自分のほうからは働きかけることができるけれども、相手から決してフィードバックがないという、一方的なピーピングとよく似たしくみです。ですからそれはロリコンとも似ています。男性性にとってはひとつの脆さの表われなのではないかと思います。そういう倒錯的な男性性にとっては、現実の女は自分に対してフィードバックしてきますから、それに対する恐怖がつきまとうのだと思います。

西鶴の「色好み」のもつ近代性

私は目下「近代化とセクシュアリティの歴史的形成」というテーマに関心を持っていますが、近世日本を例にあげると、井原西鶴の『好色一代男』がおもしろい位置を占めています。『好色一代男』の世之介の回想記の中に「五十四歳の今日に至るまで戯れし女、三千七百四十二人、手にかけし若衆、七百二十五人」と数字が出てきます。そして、「総て手日記に記す」とつづきます。

この文章のインプリケーションは二つあります。まず、数に対する執着です。自分の性的な活動をカウントするために、あの女とこういうこともやった、ああいうこともやったという回想ではなくて、すべて数字に還元されるという、この驚くべき近代主義。これは同じドン・ファンでも、光源氏の回想とは違う質のものです。光源氏は生涯に何人と関係したかなどと数量に還元したりはしません。彼はあの女、この女、さまざまであったなという回想をしますが、生涯に何人と戯れし、なんていう回想、つまり数字への還元はありません。

二つ目には、記録への執念です。「手日記に記す」とあります。この数字は記録しておかないと覚えられない細かさです。この数字への固着と記録への執念というのは、近代と資本制の形成というもののひとつの大きな特徴です。

西鶴という人は、日本の資本主義イデオロギーの形成期に『好色一代男』や『好色五人女』のほかに、『日本永代蔵』のように、商人の道徳や行動を描いたものも書いています。「一寸四方も商いの種」というように、数量化されたものの考え方を積極的に打ち出した人です。その考え方が『日本永代蔵』のような繁盛記だけでなくて、性的な記録にも出てきます。自分の性的な回想録に数字が出てくるということは、その一回一回の性行為に一定の規格性があるということを意味します。

セックスが商品になるための条件

セックスというものが商品として成り立つための非常に大きなファクターは、商品の規格性です。商品経済の成り立ちは商品の規格化と深く関係しています。規格化されないものは商品としてマーケットに出て行けません。だからセックスが商品になるための条件もセックスが規格化されるということです。それは現実の中にではなくて観念の中で行われます。つまりA子ちゃんとやろうが、B子ちゃんとやろうが、「一回」という形に数えられるような規格性をもつことが前提にあります。

同じ頃『遊女評判記』が出ていますが、それには遊女を東西横綱にランキングしたような記事が出ています。これは、いまのソープ嬢の東西評判記などともものすごく似ています。それぞれ格とテクニックが書いてある、一種の商品説明書です。太夫などというランキングも、規格化された商品の間のランキングです。

『遊女評判記』はセックス商品カタログみたいなものですが、そのカタログが成り立つには、たとえば吉野太夫を誰かが買えば、誰が買っても彼女が与えてくれる快楽は同質のものであるということが前提にならないと、同じお金を出すということになりません。彼女はそのつど、気を入れることもあれば、気を入れないこともあるでしょう。セックスというものが関係性であれば、そして関係性は個別的であって、個別的なものは一回性のものだという了解があるところでは、快楽の規格化は起きません。だからほんとうは毎回質が違っていても、同じ額のお金を出した男にとっては、吉野太夫がかつて別の客に与えたものと同じものを自分が受け取っている、と現実にではなくて観念で感じられなければなりません。

そういうセックスに対する規格化があの時期に急速な勢いで行われていきました。遊廓が成立すると同時に、『遊女評判記』といった商品カタログがあらわれます。一つの文化的なカテゴリーが成り立つと、それにまつわるさまざまな観念はほんの二、三十年であっという間に極限にまでのぼりつめます。いまの性風俗産業の原型にあたるようなものが、その当時全部出尽くしています。その限りでは、現在の性風俗産業を支配している観念の原型はあの時代にできてしまっているのです。

本物より媒介物の方がいいのか？

男のフェティシズムは、女性とか女性が与えてくれる快楽とか、あるいはセックスそのものに対する一種の規格化、匿名化という手続きがいったん媒介として入り込まないと成立しません。毎回違うと思えば比べたり数えたりはできません。セックスの規格化は相手の人格の匿名化と結びついていますから、特定の女がいちいち固有名詞をもって登場したりしたら、面倒なだけです。一人、二人と数えられるような対象になったほうがいいのです。

西鶴以降、近代二百年から三百年——普通ヨーロッパでは近代形成期から三百年、日本では百年といいますがもちろんこんなのは嘘っぱちで、田中優子さんも言っているとおり日本だってグローバルな同時代性の中で近代的なるものが成立していますから、やっぱり成立してから三百年です——その三百年の、男の側の性についてのファンタジーは、あげて女を客体化する、女のセックスから人格性を剝奪する方向に動いてきたのだろうと思います。そうなれば、人格としての女はどんどん後景に撤退していきます。それがロリコンにもフェティシズムにも現われています。それは女に対する関心とは違う性質のものです。

フェティシズムは中間の媒介物そのものに対する転倒した固着ですから、フェティッシュな欲望は代用品だとか、本物のほうがいいんだとか、ほんとうはやりたいのに勇気がないから途中で我慢しているのだ、とかいう考え方は間違いなのではないかと思うのです。

最近の性風俗産業の新展開をみても、それはわかります。のぞき部屋とかテレクラとか性風俗商品のイノベーション（新機軸）がありましたけれども、それらも、「ほんとうにやれないから代用品で満足している」と解釈したら間違いなのじゃないか。本物よりは媒介の方がいい、むしろ本物は積極的に避ける、という選択が働いていると思えます。

下着フェティシズムの女など考えられない

下着フェティシズムというのは、これまでは男性に固有のものと考えられていました。症例からいっても、下着フェティシズムの男というのはいますが、下着フェティシズムの女というのはいない。考えられません。これは、セクシュアリティのジェンダー非対称性と深い関係があります。

男性のほうは性的なファンタジーの対象をどんどん客体化していっています。当の女性自身を客体にしてしまうという場合もあれば、女性を部分化したり、断片化したり、それから換喩に置き換えたり、転倒したりという形でやっています。けれども、女性の性的ファンタジーは、そういう対象客体化という形では起きていません。

たとえばポルノというのはいったい何のためにあるのだろうか、と考えてみます。あるセクソロジストの男性と議論になったのですが、ポルノは男の男による男のためのプレジャーだ、もしくは男性の性的な興奮を掻き立てるためのオナニー商品だという、いちばん普通の了解があります。ところがそれに対して相手の男性が反論して、いや、そうじゃない、あれは男が女のためにつくったものだ、女を誘惑する目的でつくったものだと言うのです。つまり、催淫《さいいん》効果です。男性が自分自身の性欲を掻き立てるためにというよりは、むしろ女性に見せて女性の性欲を掻き立て、それに乗じる、ということのためにもともとポルノというものはあったんだ、というふうに言うのです。それが証拠には、ポルノというものは女を興奮させるようにできている、と主張するのです。

その人の言うことがかりに本当でないとしても、ポルノに女性も興奮するというのは事実です。実際に被験者をおいてやってみたらすぐわかることですけれども、女性も興奮します。しかしたとえば、ポルノグラフィックな状況を完全に逆転して、男性が犯されているようなシーンとか、むしろカメラのアングルを全部入れ替えて女性視点にして、男性の顔をアップで写したりというふうな形でポルノを撮りなおしたとして、それで女性が同じように興奮するだろうかと考えてみます。興奮するかもしれないけれども、でも、少しちがうのではないのかな、という気がするのです。

女にとっての性的オブジェは自己の身体

具体的な一つのイメージを思い浮かべますと、鏡ばりの部屋の中に女性が閉じ込められているというシーンを想定してみて下さい。鏡の面になっているところが全部男性の視線だとします。そうすると、部屋自体が男性だから、ここで女性の性的なファンタジーは男性の視線を媒介にしています。

逆に、鏡ばりの部屋の中に男を入れておいて、女性の視線から見るというような逆転の構図が成り立つかというと、そういう形での男性の性的客体化は女性の場合には起きないようです。女性にとっての性的客体というのは、対象の身体ではなくて、自己身体でしかないのです。ですから女性にとっては自己が完全に二重化する。鏡ばりの部屋があって、その部屋の鏡にあたるのは男の視線で、中にいるのは女という、最初の構図は変わらない。ただ女が今度は、ぱちっと目を開けて見ると、相手ではなく鏡の中に自分が映っているというわけです。女性の性的なファンタジーは対象にではなくて、対象化された自己像にあります。女はそれに興奮するのです。

これはナルシシズムと呼んでもいいと思います。ただ、ナルシシズムという場合、男のナルシシズムと女のナルシシズムが同じだろうか違うだろうか、という問題がのこります。ナルシシズムでも、自己充足的なナルシシズムと、自己客体化的ナルシシズムというか、自己に分裂を強いるようなナルシシズムという二つのベクトルがあるのではないか、と思うのです。

たとえば、黒木香さんという人は非常にナルシスティックな人です。自分自身でもそれを肯定しています。彼女のビデオ出演なり、ああいうパフォーマンス全体の最初の動機はナルシシズムにあった、あるいは彼女のセクシュアリティの一種の開花とか成熟を促した動機がナルシシズムにあった、ということを『自堕落にもほどがある』という性的な自伝の中で、本人が非常に冷静に自覚的に書いています。

ところがナルシシズムというのは、女性にとって平和な調和した形では訪れません。自己充足的な調和の中でナルシシズムが満たされるかというと、必ずしもそういうわけにいかないのです。ここまでくると、ナルシシズムとは本来どういうものだろうか、という議論をしないといけないのかもしれません。

ジンメルのロマン主義的な女性論

たとえば女性が自己充足的な生き物だという女性賛美のロマン的な女性観のなかでは、ゲオルグ・ジンメルという人の女性論が白眉です。女性論の最高峰でしょう。

ジンメルの女性論は非常に高度な、哲学的に考えぬかれたものです。ひとことで言うと非常に通俗的になってしまいますが、女性はあらかじめ充たされた存在で、ただあることで女であることができる。一方男性はあらかじめ欠けた存在であるから、ヴェルデン、つまり生成というか、何かを成し遂げることによってしか男であることができない。だから男性にとってはアチーブメント（達成すること）が不可欠な行為になる。それに対して女性はザイン、存在そのもの自体が完全なんだ。そういう議論です。これは、ロマン主義的な女性観のなかにある女性賛美のひとつの極限です。永遠に女性的なるもの、我を導く……というイメージです。

ジンメルの女性論と同じ頃にオットー・ヴァイニンガーの『性と性格』が出ています。その中でヴァイニンガーは、同じような議論を、今度は完全に逆転した女嫌いのディスクール（言説）に置き換えています。ヴァイニンガーは大変な女嫌いでした。ジンメルと同じような男と女の対比から出発しながら、だから女はだめなんだ、だから女には偉大なことがなに一つ達成できないんだ、せいぜい動物が動物を産むみたいに子供を産むことぐらいしかできないんだ、と言います。しかしジンメルのロマン主義的なディスクールとヴァイニンガーの女嫌いのディスクールとは対極にありながら、コインの両面のような関係にあります。

フロイトにとっても、ナルシシズムは、エディプス期の分裂を強いられる以前の至福の充足、ということになります。つまり完全な自己充足性のことです。

自己客体化の極北のナルシシズム

ところが、黒木さんの描いているようなナルシシズムは、いわば自己客体化の果てに出てくる疎外されたナルシシズムです。客体化され、しかもそのことによって、性的にディザイアブルな（欲望を喚起する）対象という価値を他者から与えられることによってはじめて成立するナルシシズムです。

女性の身体イメージの有用性というか、有価値性というのは、女性自身では自己定義できず、男性による値踏みで価値が決まります。その値踏みは性的なディザイアビリティ

（望ましさ）で決まります。ですから女性の身体が万人に接近可能でかつ万人にとってディザイアブルな一般性の高い客体として成立したときに、自己の身体イメージの価値が最高位になります。そのメカニズムを通じて、初めて彼女はナルシシズムの充足を経験します。ですからそれは至福の調和というよりは、いわば自己客体化の極北にあるようなナルシシズムです。

そういう場合には、女性の身体像というのは、いつも分裂しているのです。これは、出産とか育児とかに伴う女性のナルシスティックな身体の自己充足性とは非常にちがいます。出産や育児には、媒介的な要因が一切要りません。男に対するアタッチメント（愛着）は不要です。十ヵ月前に仕込んだタネのことなど忘れてしまえばいいのだから、産む女にとっては、産むという行為はそのつどつねに処女生殖のような自己充足的な行為です。他人のタネのおかげで産むなどとは産んだ女は思っていませんから。

母性に現われる自己身体性のイメージと、性的な他者の目に映ったものとして捉えられる身体イメージは非常に違います。

このように、性幻想の質が男と女では相当違います。男の場合は性幻想を外在化して客体化します。女の場合は自分の身体を客体化してそれに固着します。身体の細部を磨きたてるとか、爪の角質落としを異常な執念でやるとか、毛抜きに対する固着とか……自己身体に対する、そういう形の固着は女に固有のものです。

ニンフォマニア――身体性への不安

ナルシスティックな自己像の価値を持続させるためには、そのつど異性の視線、他者からの性的にディザイアブルだという視線が担保されていないと不安でいられない、という症状があります。神経症の女の人で、ニンフォマニア（色情狂）の人には特にそういう面があります。

ジェーン・フォンダが「コールガール」という映画に出演した時のことを自伝に書いています。「コールガール」の映画自体が、なかば神経症的な動機で娼婦をやっている女の話です。自分のセクシュアリティがわからなくて、非常に不安な幼児的な状態におかれていて、そこで決定的な他者というか、父親像を求めて得られない女が、そのために病的な男性遍歴を繰り返す。その女が娼婦をやっているのは神経症のためだ、かわいそうな女だという、通俗フロイト主義的な設定になってます。

ジェーン・フォンダは、その映画を演じたときには自分も主人公の女性とほぼ同じような状況にいた、と書いています。トム・ヘイドンと会う前、ロジェ・バディムと別れたあとぐらいの時期でしょうか。男から自分が性的にディザイアブルな存在だとみられたときに、はじめて自分が存在している気がした、というふうに書いています。それはニンフォマニアの女性に共通した性格です。ニンフォマニアの女性はたんに異常に性欲が強いからそうなるのではありません。彼女たちは自分自身に性欲があるかどうかもほんとうはわかっていないところがあります。ニンフォマニアの女性の多くが不感症だという説もあるぐらいです。そういう女性には、自己の身体性とか、自己の存在自身に対する不安感が基底にあって、性的な他者にそのつどディザイアブルだという保証をもらうことによって、自己の存在証明を得つづけていないと居たたまれない、という心理的なメカニズムがあるのです。

のぞき部屋の女——裏返しのパノプティコン

一定の社会的な規範の中におさまっていて、たとえば一生で一人だけ自分のことをディザイアブルだと思ってくれる男がいればいい、というふうに思っていれば健全な範囲にとどまっている。そうした傾向が過度だとニンフォマニアといわれる。そういう程度の差にすぎません。

もっとも、このメカニズムがどんどん高まっていくと、論理は自己運動をはじめますから、女だって十分に観念の生き物になります。身体イメージというのは観念の産物ですから。

このディザイアビリティが観念的に次元が高くなっていけば、そういう視線を現実には遮断してもナルシシズムが成り立つというメカニズムが現われます。ちょうどそれはのぞき部屋の中にいる女を想像してもらえばいいのですけれど、これは考えてみたら、フーコーの言うパノプティコンのちょうど裏返しです。パノプティコンというのは真ん中に展望塔があって周囲を監視する装置ですが、この場合は逆に、展望塔の中にいる人間がまわり中から監視されています。

のぞき部屋の中の女は、原則的にはのぞき部屋の鏡の向うに覗いている視線があることを前提にして、自分が性的にディザイアブルだという意味付与をやっています。ところがしだいに、その視線が現実になくなってもかまわなくなってしまう。そうなれば視線の回路というのは、具体的な他者を媒介とする必要がなくなって、観念的に自分の中で自閉しますす。自分がディザイアブルな存在であるというナルシスティックな回路を閉じてしまうこともできるわけです。そういう自閉を、自己防衛のためにナルシシストの女はどこかでやっているのだろうと思います。

たとえば序章で触れた、私が会ったパンティ・コレクターの女性は、そういうメカニズムを考えるとよく理解できます。

パンティを通じての無垢な身体への回帰

このパンティ・コレクターの女性の場合、下着そのものが鏡に映る自己像の乱反射になっています。彼女にはそのパンティにふさわしいようなボディ・イメージがあります。ポテンシャル（可能態）なボディは、アクチュアル（現実態）なボディよりいつでも美化されていますから、彼女が選んでいるパンティをみると、そのパンティにふさわしいボディ・イメージが浮かびます。彼女の場合は、選んでいるものを見る限り、「無垢なボディ」というイメージでした。

彼女は四十代の富裕な主婦でした。もちろん性的な経験も出産経験もありますが、結婚以前の「無垢なボディ」への回帰が、彼女の選択には表われていました。彼女のコレクションを見ると、完全にメルヘン路線なのです。フリル、レース、花柄のオンパレード。

パンティが替われば気分が変わると本人は言っていましたけれども、彼女の場合には、そういう身体イメージの輻輳化《ふくそうか》や、多元化のためというよりは、むしろ身体イメージを一つの方向に固着する方向選択が働いています。その固着の基点になっているのは「無垢なボディ」というイメージです。いわば性的な身体以前の、無垢な身体に対する回帰なのです。

「中年ひまわり族」のフリルのついた防壁

彼女のケースはけっして例外ではありません。鴨居羊子さんを取材したときにこんなことを聞きました。鴨居さんのところに販売店から、たとえばこういう型番のものを増産してくれという注文が上がってくる。鴨居さんが売りたかったセクシー路線はほとんど売れず、メルヘン路線のものがよく出たというのです。しかもこのタイプのものは、たいへん細かい手間がかかるために、一般に単価が高くつきます。千円を超すのはあたりまえで、高いのだと二、三千円などというのもあります。だいたいこんな高価なのは若い子は買いません。高いから買えないのです。若い子が買うのはせいぜい三枚千円みたいな安価なものです。

こういう単価の高いパンティを一体誰が買うのかというと、このメルヘン路線のデコラティブ（装飾的）な、非常に繊細なレースを使ったもののいちばんの客層は、四十代から五十代の女の人だそうです。販売店からXLサイズを作ってくれという希望が上がってくると言います。このパンティが欲しい、財力はある、けれど小さくて入らない、そういう中年の女性なのです。

商品イメージと合わない人たちが買いたがって、しかもそういう人たちしか買う財力がないという皮肉な事態が起きています。だいたい、四十代以上の女の人たちには、言われているほど、アバンチュールの機会はありません。しかも体形が完全に崩れてしまっている。なおかつ自分のボディ・イメージにナルシスティックな固着をしています。そのイメージに穿かせたいパンティがこのタイプのメルヘン調のパンティです。

だとすると、それはアクチュアルなボディというよりは、むしろこういうパンティにふさわしいボディ・イメージを自分のボディに重ね合わせて夢想しているのです。そのボディ・イメージが無垢な身体のイメージです。かつて私は「中年ひまわり族」という言葉をつくりました。それは、中原淳一の『ひまわり』のイメージに固着した中年の主婦たちのことですが、その層の女性たちの選択だということがよくわかります。

パンティはその時、いわば男性の性的視線からの撤退であると同時に自己防衛の表現です。防衛と避難所としてのナルシシズムの牙城に女が立て籠るときの防壁になっています。フリルでできたバリアーです。ですから脱がされることを予想して、という選択ではありません。でも、それが彼女たちにとって、どれほどナルシスティックな満足のもとになっているか、ということは想像に難くありません。こういう話は微笑ましく聞こえるでしょうか。それともおぞましいでしょうか。

この世代の性的近代というのは、ほんとうに幼児性のレベルで固着しています。たまたま何かの事情でレイプ同然のセックスをして子供は産んだけれども、固着した状態からセクシュアリティは全然成長していないという状態で中年になった。しかし肉体的にはそうでも、心理的なフラストレーション（欲求不満）はつねに出てくるでしょうから、たぶん彼女たちはいま悶えている最中でしょう。

私の会ったパンティ・コレクターの女性のコレクションは、脱がされることを拒否していました。これは無垢なものを包み隠すためのものであって、一種の幼児的な退行です。そういう女性がセクシー・タイプの下着を集めることは想像できません。セクシー・タイプのパンティを性的な、剝ぎ取る手や可能性がないようなところで、コレクションとして所有するということは、自分のディザイアビリティを高めることにはなりません。それどころか、それが現に存在しないという事実の落差をあからさまにみせつけられるだけですから。

女のナルシシズムは攻撃の戦略にもなる

女性のナルシシズムには、いろいろな意味でアンビバレント（両義的）なところがあります。ナルシシズムというのは他者を切断するための一つの方法であると同時に、しかも自己を否定的でなく肯定的に受容する戦略でもあります。ですからナルシシズムは、フェミニズム運動の中では一つの自覚的な戦略にさえなっています。特にナルシシズムの軸が母性にいった場合には、出産の中には完全な自己完結があって、そこに欠けたものは何ひとつない、という言説を産みます。伊藤比呂美さんは女のナルシシズムのイデオローグとしては非常に戦略的な人です。その上彼女は、オナニストであるとまで公言しています。女にとって、出産は究極のオナニーなのです。彼女が自覚しているかどうかはわかりませんけれど、同じようなディスクールはアメリカのフェミニスト詩人には多く見られます。

女性のナルシシズムは性的な他者である男を切断するだけではなくて、性的な他者であるはずの男に対して無用を宣告することで、攻撃的なディスクールにもなります。たとえばジュリア・クリステヴァは、ファリック・マザー（男根的母親）という概念を使っています。

クリステヴァによれば胎児は女にとってファルス（男根）なのだから、胎児がファルスだということになれば女にとってもうよけいなファルスは要らない。男のペニスは、より完全なペニスである胎児の代用品にすぎず、しかも不完全な代用品だということになります。これは明らかに攻撃的なディスクールです。そうなれば女のナルシスティックな自己充足性は、男要らずのユートピアという一種の攻撃性をもったディスクールになります。

私の感じるアンビバレンツの第一は、もし彼女たちが言うとおりだとしても、そういう女のナルシシズムはそれほどいいものなのだろうか、それは別の形の母性支配じゃないか、という疑念が一つ。二つめは、そのナルシシズムがほんとうに他者の媒介を欠いた完璧なものなのか、という疑問です。

視線の主体は男だった

女の身体像が他者の視線の回路をたどってしか成り立たないとしたら、女の視線は出ていくとみんなはじき返されて自分に戻ってくるだけで、絶対に鏡から向うにいかないことになります。鏡から向うには視線だけがあって、その視線を持った身体が他者身体像として立ち現われてくるということがないのです。それぐらい、近代においては視線の優位ということは決定的でした。そして、その視線の持ち主、すなわち主体になったのは男でしたから、男にとって主体性の呪縛というのは圧倒的に強いものでした。

だとしたら、女ははね返されて屈折してくる視線を全部中に取り込むという形でしか、主体形成できません。つまり、完全な客体化を経由したあとにしか主体形成ができないわけですから、そこでは女にとっては完全に自分以外の者のために収奪された身体性だけが価値のある身体性となります。『O嬢の物語』が永遠のポルノであるのはそのせいです。O嬢は完全な自己放棄によって、快楽を得ます。それが女のナルシシズムの極致だとしたら、それは至福の境地といえるほどめでたいものでしょうか。それは解放どころか、疎外の極みということになるでしょう。

男は自分の性的身体を客体化できるか

男の場合は、いま言ったメカニズムをちょうど逆転した形になります。男のほうは自分の身体像をたぶんひどく結びにくいのだろうと思います。

女性の方が逆に、見る主体になるとどうなるでしょうか。自分の身体像というのは他者の視線がつくってくれますから、客体化されているぶんだけ女のほうが身体像が形を結びやすいことになります。そこで逆のことを女性が男にし返したら、男性は自分の身体像をうまく結ぶことができるのでしょうか。そのためには、いったん男性が単なる性的客体にまで還元されなければなりません。男がアタマの中で何を考えているかということを全部ヌキにして、ただセクシーというだけで語られるような身体的な客体に還元される、というプロセスをいったん経る必要があります。

性的な関係が完全な相互性をもっていれば、男もそこで自分の身体像を結べます。でも、ほんとうに男と女は相互性をもっているのでしょうか。女によって自分が性的な身体として客体化し返されているという認識を、男がもつことができるでしょうか。あるいは女が見る主体という、これも一種の疎外の形態である性的主体性を、男に代わって持つことがありうるでしょうか。

こういうことは、文化的なシナリオとか装置がものすごく強力に働きますから、女にとっては男を身体そのものに百パーセント還元することがむずかしいということがあります。それから女にとっては、男と関係しているといっても、男というのは個別の身体である以上に、自分と関係する世界そのものみたいなものですから、男を媒介にしながら自分の自己身体としか関係していない、というところがあるかもしれません。だからこそ女はあれほど平気で受け身でいられるのだろうと思います。

男と女の疎外はどちらが深いか

江戸期の色道には、粋の極致に遊女が喜悦する様を見ることという考え方がありました。性における能動的な主体と受動的な客体の関係は、身体的な快楽という点では、逆転するという逆説があります。能動的な主体としての男は、快楽の与え手、受動的な客体としての女は快楽の受け手となって、結果的に見る主体からは身体的な快楽は剝奪されます。男にとっての性愛のゴールが女の喜悦の中にあるというのは、男権的な性愛の文化シナリオの逆説でした。そしてこのことは近代のほんの一時期だけ忘れられていました。明治生まれの暴君的な夫と、死ぬまでついに性的快楽を知らない妻という組み合わせは、この時期だけのことです。近代の形成期は、そのくらい野蛮な時代でした。しかしそう考えれば、逆に身体性はどこまでも女の側にあって、男の側にはないということになります。性愛の中では、男の疎外の方が深いのでしょう。

実際に、女性は快楽を身体化することに夢中で、男性はそれを媒介にしてしか自己の性的な存在を確認できないというしくみになっています。そうすると、男性はアチーブメント（獲得目標）としてしかセクシュアリティが存在せず、身体性としては存在しえないということになります。

となると、男性も受け身のセックスを覚えればいいのでしょうか。たしかにソープランドが登場したとき、最初は売春の隠れみのといわれましたが、私はセックス商品のなかでは画期的な新製品だと思いました。男性が受け身の性の快楽を覚えたからです。

いずれにせよ、身体の客体化のおかげで身体イメージを獲得できている女と、主体化のおかげで身体イメージが存在しない男と、どちらの方の疎外が深いのか、大きな問題だと思います。

拒食症のメカニズム

女の子の拒食症は、こうした身体像の形成と関係があります。女の子は、だいたい思春期あたりから、男性の視線によって身体像の自己形成をしていきます。身体像が自己意識とうまく調和すれば、それを肯定的に受け入れることができますが、自己意識と不協和だと、客体として押しつけられる身体像と自己意識が葛藤を起こして、身体像のほうを拒否するに至ります。拒食症の場合には、身体性をミニマムにするという方向にいきます。

拒食症あがりの中年の女性に会ったことがありますが、その人は、太っているのです。

年取ったから安心して食べはじめて太ったといいます。年齢とともに性的な価値を自分の身体が失ったと思ったと同時に、安心して食べはじめたというのです。年齢と性的価値というのは結びついています。性的価値を意識している時期には自分の身体像を受け入れられない。しかし、そうして食べはじめると、今度は歯止めがきかなくなって、むしろほかの人よりも肥満ぎみになるのです。

身体像の形成というのは女の子にとっては他者が、もっとはっきりいうと、男性が与える身体像を内面化していくプロセスといえます。身体像は、自力で自己調達できません。何らかの形で社会が与えるものですけれど、女の場合はそれは非常にはっきりしていて、男性の与える価値によって決まります。男の子の場合には、女によって身体像が与えられるということは考えられません。

ただ最近は、女性の視線だとか女性の評価によって影響を受ける若い男の子が出てきたようです。しかも個別性のレベルではなく、規範性の高いレベルで起きているようです。

いま、光GENJIが若い女の子に大人気ですが、彼女たちが客体化している彼らのボディ・イメージの共通の特徴は、性的な意味でニュートラル（中性的）な身体です。どちらかといったら、男性性がない身体です。非常に無性的で、抽象的な身体です。少女マンガに出てくるような少年の肉体です。すると今度は、女性が理想化する身体イメージが男の子たちの規範になります。そうすると、男の子たちのなかにも成熟拒否という現象が起きるかもしれません。体毛に対する拒否や、汗臭さに対する嫌悪――男らしさの身体イメージにマイナスの価値が与えられています。身体の客体化を拒否した女の子たちの復讐かもしれません。

その証拠に、拒食症は、もうジェンダーに固有な病気ではなくなりつつあります。つまり、これまで拒食症は女の子特有の身体像に関与する病気だったのですが、男の子の拒食症が増えていると専門家が指摘しています。面白い現象です。

5

生理

性器を覆う絹のラップ

女性器は他者

女性器は女性にとって他者です。もちろん、男性にとっても男性器というものは他者なのだろうと思いますが、それは、「アウト・オブ・コントロール（制御がきかない）」という意味での他者です。ところが女性器が他者だという場合は、他者に属するという意味で他者なのです。

他者に属するものを今度はナルシスティックな固着の対象にするというのは、他者回路を女性が断ち切ることになるのか、すなわちそれを断ち切ったことで、男にはけっして到達不能な、百パーセントの自己充足性の完成が女性の自己性愛の極致にあるのか、それとも、それはいわば他者回路に女性が完全に同一化した、自己客体化の極北なのか、ほんとうのところはどちらなのかわかりません。

ポルノ作家の女性器描写はずいぶん罪つくりなことをしました。もちろん美化して書くということは、美化しないよりもいいことです。美化される以前には、女性が性器についてもっていたのは、女性器は醜いものだという価値観でした。醜くて汚いものだ、そういう汚いものを男に見せたくない、という考え方がありました。ですから、恥ずかしいというだけではなくて、汚いものを見られて嫌われたくない。あんなきれいな顔をした女の子にこんな汚い気持の悪いものがくっついている、というふうに思われるのが嫌だという感情です。他方、男の子は女性器を見ることに強いファンタジーをもちます。彼に性器を見せてほしいといわれた、だけどどうしても見せたくない、ということで悩んでいる女の子もいます。見せたくないからいつも暗くしてセックスをしてきたけれども、どうしても見たいといわれた、それで抵抗している、というのです。

女性の性器は、実際にはそんなにきれいなピンク色をしているものではなくて、大なり小なり黒ずんだ色をしています。女性器にはいろいろ神話があって、処女の小陰唇はピンクだけれど、バージンを失うと色が黒ずんでくるとかいいますが、あれは全部嘘です。そうした神話が流布した時期があります。いまでも流布しています。ですからほんとうに信じこんでいる人がまだいます。そういう話を聞きかじりで信じこんでしまった若い子などが、自分は処女なのにもう黒ずんでいる、そのために処女だと思われなかったら困るとか、真面目に悩み、相談に来たりします。それから、でっぱっていて大きすぎるのがいやだという悩みとかもあります。

それから、体毛についても、毛深い女の人は一般にそれを嫌がりますけれども、薄い人は薄い人で悩む。女性は自分の性器以外に他の女の人のものは見たことがありませんから、その上、自分自身の性器を見たことのない女の人もけっこういますから、比べようがなくて、変に悩むのです。

性器をタブー視したのは近代になってから

こうした悩みは年齢を問いません。性的な無知の程度というのは年齢とは関係ありませんから。たとえば江戸時代だったら、今よりも性器に対するオブセッションはもっと少なかったような気がします。江戸の春画をみると、明らかに写生していないと書けないようなリアリズムがあります。そのためにはモデルになって性器を見せた女がいるにきまっています。おそらくは玄人衆なんでしょうけれども、その女たちが恥をしのんで、舌を嚙み切りたいような思いで性器を見せていたかというと、そんな大層な決意をもって見せていたというふうには思えません。性器を曝《さら》すなんてことはもっと日常的なことだったんではないか、という気がします。

江戸の春画にはクンニリングスがものすごく多い。びっくりするほど多く見られます。もっと興味深いことは、遊客が遊女にクンニリングスをやる。普通、遊客というのは快楽を受ける側だから、遊女の快楽に奉仕するというのは話が逆でしょう。ところが遊客が遊女にクンニリングスをやって、遊女がよがるのを見る、それが通の極意だとされました。そうした場面が非常によく出てきます。

性器に対するオブセッションというのは歴史的にはかなり新しいことではないかと思えます。性器を見られるとか見せるとかいうことに対するタブー視が今のような形で江戸期にあったとは思えません。むしろオーラル・セックスに対する禁圧というのは近代以降、キリスト教文明固有のものです。近代以降になって、オーラル・セックスがタブー視されるようになります。女性が自分の性器を醜いと感じはじめるのとそれは同時期のような気がします。それはもちろん、男性が女性器を醜いと感じることの反映です。明治生まれぐらいの人たちだと、妻とオーラル・セックスをしたことがないような男性はかなり多いのではないでしょうか。娼婦ともおそらくやっていないでしょう。ですからオーラル・セックスの経験のない男性がけっこういるのではないでしょうか。

でも、考えてみたら、その人たちが伝統的かというと、そうではありません。オーラル・セックスの禁止はそれ以前にもそれ以後にもありませんでしたから。ヴィクトリア朝的な意味で性的な近代というのは、日本の場合、ほとんど一世代、半世紀ぐらいしかつづきませんでした。いま七十歳ぐらいの人の性生活というのは、男も女もそんなものでしょう。そのくらいの年代の男性は女性器を汚いと思っています。そして女たちの方でもそれを恥じているのです。

それが今度はポルノ作家によって美化されました。汚いと思われていたあいだは、女は見せるのを恥じていたのだけれども、美化されはじめたら、今度は美化されたために実際には存在しない薔薇色のカント像が自分にとっては比較のスタンダードになります。それで女の子たちはまた悩みはじめます。なんだかパターンがひっくり返っているような感じです。

ポルノ作家が女性器を美化しはじめたのはいつごろでしょうか。女性器を醜いものとして描くような書き方もありました。バタイユの『マダム・エドワルダ』に女性器を「ぼろぎれ」と呼ぶ表現がありました。あれはちょっと衝撃的でした。「わたしのぼろぎれを見て」とエドワルダが男に強要する。カテゴリーをつくるということは、それに一定の価値を付与するということですから、女性器を「ぼろぎれ」と呼ぶのは、醜いものに直面してごらんというディスクールです。

『ハスラー』のアイデアル・プッシー

その後、性革命を通じて、女性器観の逆転が起きます。アメリカの男性誌『ハスラー』

の社主にラリー・フリントという人がいます。『ハスラー』の前には『ペントハウス』が女性のヌードモデルの写真で有名でした。男性誌のグラビアでは、一九六〇年代の性革命のあたりから女性のヌードの露出度がどんどんエスカレートするようになりました。『ペントハウス』が、すでに割れ目が明らかに見えるような写真をどんどんのせていました。けれど、その頃にはまだ抑制があって、自然に見えてしまうものは見えてもかまわない、という程度だったのですが、『ハスラー』が『ペントハウス』のあとに新規に市場参入して殴り込みをかけてきたときに、もっとえげつないやり方をとりました。モデルに股を開かせ、性器を指で広げさせて写すというやり方です。『ハスラー』に比べると『ペントハウス』は〝上品〟だと言われるぐらいでした。そしてプッシー女優というか、プッシー・モデルというのが登場します。理想のプッシーの形とか、割れ目の長さとか、色とか、そういうことがモデルの条件になっていきました。モデルは美しい肢体の持ち主であるだけでなく、美しいカントの持ち主であることが要求されたのです。

そのための基準があったわけではありませんが、モデルを選ぶときに、明らかにちゃんと性器もカウントに入れています。色が黒ずんでいないこととか、エプロン（大陰唇）が異常に醜く大きくないこととか、ヘアが濃からず薄からずとか、いくつかの条件があって、アメリカ人の考えるアイデアル・プッシーというのがそのときある程度スタンダード化されたようです。

性風俗においてあからさまな性器の露出が進んでいる時期に、フェミニストから『ハスラー』は大変な攻撃を受けました。そのときにラリー・フリントはこう弁明したのです。「『ハスラー』は女性解放に貢献した。なぜなら、女性器というものが見るにたえる美しいものであるというメッセージを世におくったからだ」

裏返せば、ラリー・フリントの台詞は、『ハスラー』以前には女性器は見るにたえないものであると思われていた、ということを証明します。ですからある時点で、女性器が見るにたえないものから見るにたえるものに転換したのです。見るにたえなくてもたえても、どちらにしても、女性器が男性の性的なファンタジーの最大の対象であるということは確かなことですけれども、それがネガからポジに反転する時期が七〇年代にあったと思います。女性器はおぞましいから見たいか、美しいから見たいか。ただ、どちらも女性にとっては抑圧です。アイデアル・プッシーが出てくれば、今度は自分のはアイデアルじゃないということに悩みはじめる人がたくさん出てきます。

性器観の地域差と文化差

アイデアル・プッシーには文化差がいろいろあります。ホッテントットのエプロン（大陰唇）もそうですし、トロブリアンドでもそうですが、エプロンの大きさが女性の性感のひとつのシンボルになっている社会があります。それで故意にいろいろな方法でエプロンを腫らしたり脹らましたり伸ばしたり、ありとあらゆる努力をして身体変形をやることがわかっています。トロブリアンドでは、女同士がいさかいを起こしたときに、最後に争いの決着をつけるのがエプロンの大きさだといいます。女ばかりが集まっているところで、腰ミノをぱっと持ち上げて、見てみろ、どっちのエプロンが大きいか、ということで、小さいほうが負け。そういうやり方があるそうです。

アフリカの社会ではクリトリデクトミー――クリトリス除去手術――というのがあります。エプロンの大きさを競う文化と、外性器を除去してしまう文化とは、ちょうど裏腹の関係にあります。クリトリデクトミーをやるような社会では、女性の性的な逸脱に対する不安感が民族的な信念として非常に強いという特徴があります。ムスリム（イスラム教徒）の社会は一般にそうですけれども、女性というものは性欲が非常に強い生き物であるという文化的な観念があります。それから、女の性欲はコントロールしない限りいつでもタガがはずれて、どこでも噴出するようなものであるとも考えられています。ですから女は常に監視下に置いておかなければならないということになります。

クリトリデクトミーをやるような社会の、女性のセクシュアリティに対する信念も、それとよく似たところがあります。放っておけば女は性的な快楽を求めて何をしでかすかわからない、だから何らかの形で封印をしないと社会の秩序は保たれない、という考えです。ですから、女性に対する性的なコントロールの強い社会ほど、逆説的には、女性の性欲を最初から肯定しているということになります。

近代が発明した性の内面支配

近代は、逆転した性の内面支配を打ちたてました。女性の性欲の存在自体を認めないのです。内面支配ですから、管理者が外部にいるのではなくて、一人一人の女性の超自我の中に小さな管理者が宿っています。かりに女性がちょっとでも性欲を感じたとしたら、女性自身がセンサー機能を発揮して、わたしは異常に淫らな女なのではないかしらと思わざるをえないという、その仕組みが近代です。

これはよくできた仕組みです。小さな神が一人ずつ頭の中にいるという構造ですから。逆に外的なコントロールが強い社会だと、女のほうは自分の性欲を疑わなくていい。もしくは自分が性欲を感じたときに、それを罪や悪だと感じなくていい。それは外からコントロールされるものであって、自分で禁止するものじゃないという逆説があります。それがムスリムなどでは、あの極端な肉体の隠蔽につながります。近代においては、性欲というのを認めたとたんに自分でそれを圧殺するような装置が自我そのものの中にできあがっているわけですから、よくできた装置です。

今から三十年ぐらい前、戦後無頼派といわれる小説家の一人が、あるときしみじみと、自分の後輩の作家に、「ねえ、君、僕はつね日頃疑問なんだけれど、女には性欲というものがほんとうにあるんだろうか」と言ったという話があります。今から見ればまったく笑うべきエピソードです。そんなことは近代以前の日本人も、近代以後の日本人も言うわけがありません。〝近代〟という悪夢のようなある一時期の人たちだけが、真面目に信じこんだ神話でした。女も男もそれを信じていました。

女は時代の規範に支配される

時代のもっている文化のシナリオの制約は大変強いものですから、女はその時代の規範に合わせてベッドの中でよがります。性に、自然などなにもないのです。女に性欲を認めない〝性的近代〟は、ベッドに丸太ん棒のごとく寝ている女を生み出しました。ただ体を委ねるというだけが女にとっては愛するという大決断でした。それ以上のことをやればはしたないと思われるという時代だったら、女はそういうふうに振る舞うでしょう。

今でもそうです。日本人の女の子はアメリカではすぐ落ちるという評判が高いのです。エイジアン・ルッキング・ウイメン（アジア人の顔をした女）の中には、コリアン、チャイニーズ、ジャパニーズが含まれますが、この三者はアメリカ人には区別がつきません。その中で、日本人の女を見分ける方法というのがあるといいます。

まず第一に化粧が濃い。アメリカでは濃い化粧をしているのは、特殊な職業に就いているか、特に大学のキャンパスなどでは、セクレタリー（秘書）のような地位の低い職業の女です。インテレクチュアルの世界では、女性はほとんど化粧をしません。化粧の濃い女性ほどローステータスという傾向があります。ですからそういうところでばっちり化粧をしていると目立つのです。若い女の子で化粧をしているのは日本人、特に日本から来て日の浅い日本人――という見分け方がひとつあります。

もうひとつは、この三つの国の女のなかで、いちばん簡単に落ちるのが日本人だといわれています。三つの国はどれも儒教の影響の強い、性差別的な社会ですが、その中で日本が性的にもっとも〝スシンデル〟という解釈もあります。もちろん、いろいろな伝統的な規範のタガがはずれてしまったということもあります。それでも日本に戻れば世間体という最後のタガがあるのだけれども、彼女たちはそれから逃げるために海外へ行きますから、タガのはずれた行動をやっている日本人の女の子がいっぱいいます。そのために来ているようなものです。

しかもそのうえ、アメリカ人の女性よりもはるかに性的に未熟です。肉体的には大人なのに、規範のタガがはずれ、しかも自分が責任主体として行動することができず、もうほんとうに、成熟した肉体を持った幼児のような行動をやっています。そういう女の子たちを軒並みものにするアメリカ人の男がいます。ほとんど努力しないで手に入るから、日本人の女はとてもイージーだといいますが、そういう男が、にもかかわらず、あれほど簡単に落ちた女たちが、どいつもこいつもベッドの中では丸太ん棒だというのです。

こんなことを聞かされれば、よほどサンプルが悪かったんだろう、と言ってやりたいような気はするのですけれども、どうもその通りらしいのです。もちろん、そうではない日本人の女の子だっているのは確かなのですが、残念ながらセクシュアリティが非常に未熟なままですから、簡単に落ちるけれども丸太ん棒だ、というのは想像に難くない。そういうことを考えたら、その子たちはほんとうに性欲があるからベッドインしているのか、そうじゃないのか、よくわかりません。

二、三十年前の日本の女だって、たとえば惚れた男と世間の規範を踏みにじって、リスクをおかして一線を越えたとしても、やっぱり丸太ん棒だったのではないか、という気がします。つまり、一線を越えるというところまでで愛が終わっているのです。あとは、愛の儀式のためのベッドの上の犠牲羊ですから、男に身体を捧げる喜びだけで、寝っころがっていればいいのです。

プロセスとゴールの逆転

男に見せるための女の下着に話を戻したいのですが、男はベッドで女の服を脱がせるとき、ほんとうに女のパンティを見るのでしょうか。『アンアン』の下着特集で、男四人が女の下着を論じている座談会がありました。「女の子は下着を選ぶときにあんなに気を遣っているみたいだし、デートに行くときにもずいぶん気を遣って選んでいるみたいだけど、でも、俺たち、脱がすときにほとんど見てないよな」といった話をしています。それから「最近の女は自分でちゃんと脱ぐよな」とも言っています。それが本当ならば、あんなに一生懸命選んだって、ほとんど意味がないことになります。

最近いろいろ聴き取りしたところでは、これはどうやら女性のあいだでも男性のあいだでも二つのパターンに分かれるようです。つまり下着を脱がすのは、ほんとうに最終目的に到達するための手続きだから、この手続きはできるだけ簡略で、道程は短いほどいいというケダモノ君のタイプと、プロセスを楽しむというのか、プロセスは一種のリチュアル（儀式）ですから、その儀礼的な手続きを楽しむタイプ。女の側にすれば、儀礼的なセッティングをこれだけ気を配って整えてきたということを男が享受してくれて、「これ、綺麗な下着だね」とか「これは高価だね」とか「素敵だね」とか「エレガントだね」とか、コメントのひとつも言ってくれなければつまらない。自分が心配りをしたことに対する評価がないと、男の側のデリカシーを疑うということで、これは一種の道行を楽しむ共犯関係にも似て、お互いにひとつのシナリオを演じているわけです。

これは年齢や学歴によっても違うのかもしれません。たとえば前者は発情期まっ只中のケダモノ君たちで、若い層なのでしょう。後者はもう少し年齢層が高くてインテリで、面

かな。
カラーでお見せできないのがクー
カゲキ・カラフルのカッコよさです
合格祈願のダルマさんにはアイロ
目玉がおまけに付いていたりして…
下着に使うだけじゃモッタイない
リーフの上につけたり、海パンの
りして楽しむのが大流行しそう。
ジョギング、テニス、サーフィンな
せちゃおう。ジャズダンスにもいい
女のコにもウケているんだって話だ
はLとM。1枚1,300円です。

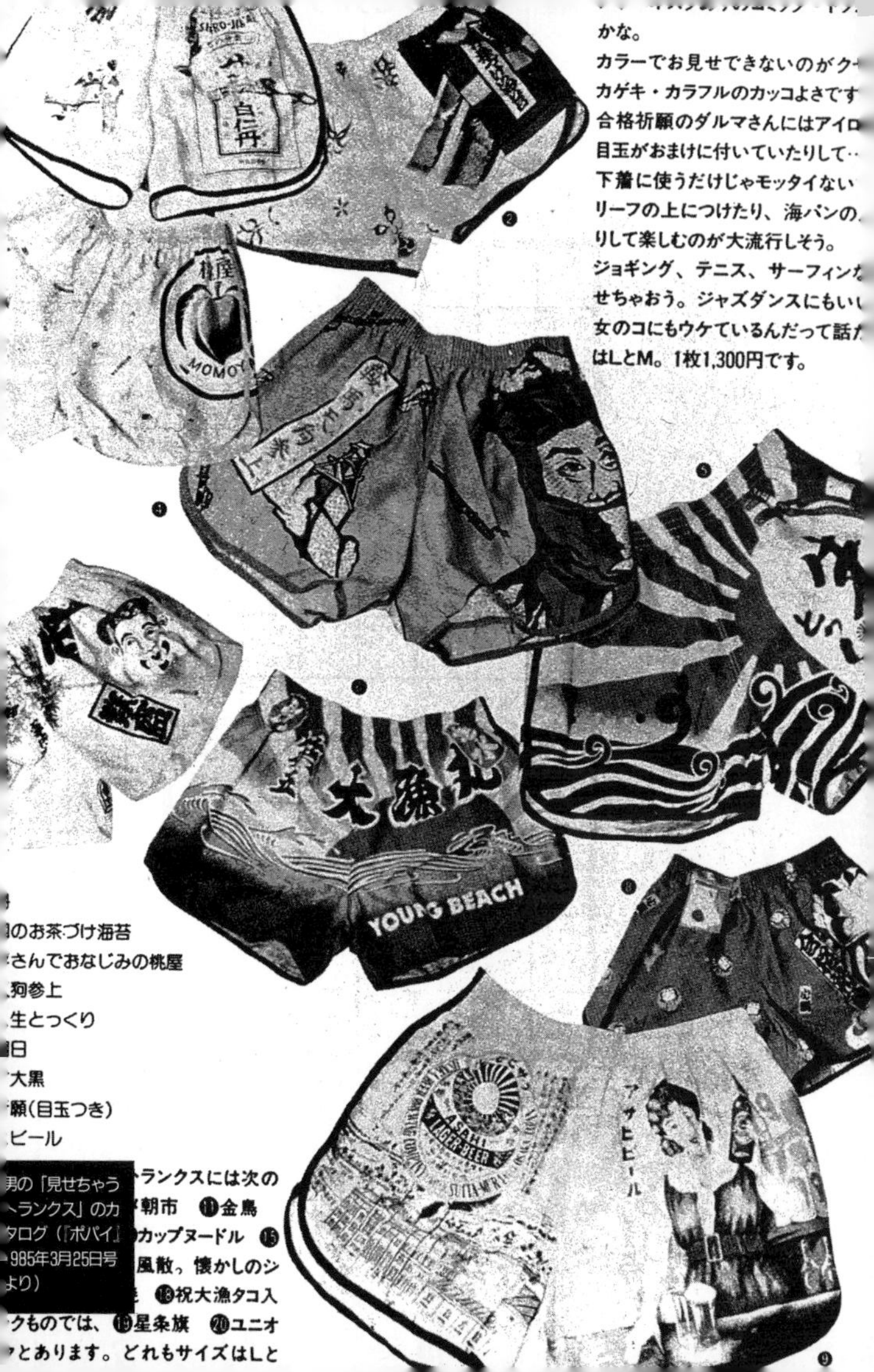

男の「見せちゃう
トランクス」のカ
タログ（『ポパイ』
1985年3月25日号
より）

日のお茶づけ海苔
さんでおなじみの桃屋
狗参上
生とっくり
日
大黒
願(目玉つき)
ビール

トランクスには次の
朝市　⓫金鳥
カップヌードル　⓯
風散っ　懐かしのシ
⓲祝大漁タコ入
クものでは、⓳星条旗　⓴ユニオ
とあります。どれもサイズはLと

数、写真点数共に大巾に増大、容もモデル嬢に特にお願いし、ード写真も掲載いたしました。

編集だより
性の身でこの度企画、制作を担いたしました。従来からある既のカタログより一歩も二歩も進だ、男性には視る楽しみ、着せ

マ・ドンナ
区高円寺南4－45－5
☎03（316）2080

性下着売場 特別招待 男が満員
英米仏独伊のやれパンティ五枚四、八〇〇円 のSEXY下着一万点 タログ・カラー三冊一、九〇〇円
放時間夕5時→11時 無休
151 渋谷区代々木2の11の18
●試着室有
エーゲ海
☎370－0393

ホテル消し忘れ物 本物見本付 雑誌八千円 各三万円 ビデオ 売ります。日本・外国物
西新宿7の11の14円
新宿パラダイス 369－8117

8m/mリング各種
スキン
単行本．各種交際誌
“人気集中魅惑のファッション下着、外国製ランジェリー豊富に在庫”
ヒット商品!!
メッシュ全身タイツ
サスペンダータイツ
ボディスーツ、ベビードール他
国産・輸入品各種

下着総合卸

新作「ファッション下着写真集」
オールカラー版
¥3,500（価格表付）
只今人気集中のサスペンダータイツをサービス中
お申し込み又は通信販売希望の方は現金書留にて下記へ
不良品以外の返品は、御容赦下さい
※商品のお求めはショールーム又は全国の秘宝の館・フレンド商会、各チェーンにて!!

開店商品１日で揃います!!
独立開業お考えの方一度御相談下さい。
当社では、ノウハウを指導致します。
御連絡は下記フレンド商事㈲迄

ワールドランジェリー ショールーム 愛あ衣い®
TEL 075（501）0198
京都市山科区国道１号線名神京都東I.C前

フレンド商事有限会社

ニューヨークファッション!

女性下着売場—招待—男が満員
ワコール、エトワール等 国内有名ブランドのほか 欧米直輸入の最新型ボデ（フリーサイズ）

面白下着
キュートなショーツからセクシー●ランジェリーまで

Lingerie Strip

気になる下着、あります。
当店では、"New Inner Collection"をメインテーマに、素材・色・デザインともにバリエーション豊富な、感覚商品中心の品揃えを常に心がけております。
ヴィクトリア BANK 右へ100m甲州街道沿い 新宿駅南口 ルミネ FIRST KITCHEN
〒151 東京都渋谷区代々木2-11-19 H係
AM 11:00～PM 11:00 （月曜定休）
Phone (03)370-0393
—男性の方もお気軽にご来店下さい—
AEGEAN SEA エーゲ海
メールオーダーシステム
オリジナルセクシーショーツ５点セット フリーサイズ 4,800円
着カタログ ールカラー 1,000円
留で上記へ（切手一割増）

ポルノ解放店
物ポルノを売る穴場
実物を見て買って下さい。
●ハードビデオ ロリータ、SM、スカトロ アニマル、レズ 画質鮮明、新作多数有り 日本物、外人物各２万円
●ハードポルノ誌 日本版4千円 外国版6千円 カタログ5百円

翔んでる下着
Linge
1.輸入下着カ
欧米のプリティー ションからドレッ ジェリーまでの数 オールカラー。
2.オリジナル下着
ハイセンスなアラ ナル下着の数々。 ールカラー。男性の 着も揃えております
まずカタログを御
※18才未満の方のご注文は
㈲アラジン
〒105 東京都港区新橋
☎03(438)2880 受付10

下着専門SHOP
●男女ファッション下着●
奥様、恋人へのプレゼントに最適です。
●梅田店 〒530 大阪市北区梅田1-11 大阪駅前第4ビル2F 29号 営業：正午～8時、年中無休 ☎06(344)8840
●上六店もよろしく うえほんまちハイハイタウン 1Fにあります。月曜定休

ヨーロッパのランジェリー
★日本製下着カタログ 男性用パンティも
◎お申込みは、現金まで尚都内在住の店にて手にとってご
大人のおもちゃ総合卸
〒110 東京都台東区東上 加納ビル１Fロンド
新しい商品が満 ニューカタログ・オ（二、〇〇〇送

男性雑誌の男向け下着広告のかすかす

倒な手続きを踏むことで、ゴールをひたすらくりのべているというタイプかもしれません。でも、性的な関係そのものが一種の儀礼的な手続きだと考えれば、手続きをとってしまえばセックスそのものもなくなってしまう。そのなかに下着というものが儀礼の小道具として非常に重要な役割を占めます。そうすると、見せるための下着、脱がせるための下着が大きな意味を持ってきます。

たとえば、最近の女の子たちの下着の選び方をみていたら、昔は見せないお洒落、見られないお洒落でした。観客のいない劇場での見えないおしゃれ、すなわちナルシシズム要因が強かったように思うのですが、今や見られる、見せるということを直接に意識した選択をどうやらし始めたようです。彼女たちは自分が小道具を選んできたということに対する一定の評価を男がしてくれなかったら、つまり一緒につくる儀式を男が共演してくれなかったら、はっきり幻滅を味わうことでしょう。

ただ、プロセスそれ自体が浮上して重要性をもってくるということは、セックスが目的ではなくて手続きになっていきますから、そうなると、手続きとゴールとの関係が非常に曖昧になってきます。手続きを引き延ばせば引き延ばすほど、ほとんど、ゴールを遠ざけるためにやっているのではないかと思えてきます。極論すれば最終的にゴールに到達したくないために、無限に手続きを引き延ばしているのではないか、とさえ感じます。

そうなると、パンティがたんなる性器の脇役の位置から、主役の位置に上がってきます。パンティを脱がしてしまったボディはそれほど魅力的ではないということになってしまいます。ビニ本でも、あるいはアダルト・ビデオでも、パンティを穿いた女の子がしつこいほど登場してきますけれど、そこには性器とそれを覆うものとの関係が倒錯して出てきます。女があからさまな動物的な性欲をどんどん表へ出してきている一方で、男のほうはどうやら女の性器という最終ゴールに到達するのを限りなく引き延ばしたがっているのではないでしょうか。

それからもうひとつ、サドマゾで有名な若い女優のインタビューが最近の週刊誌にのっていたのですが、その女性が言っていたことで印象的だったのは、サドマゾ・プレイでは絶対にインターコースはしない、インターコースというのは邪道だということがぎりぎりのルールで成り立っている世界だというのです。

ここではゴールとプロセスが完全に逆転しています。手続きが最高の価値をもっていて、ゴールはたかだか付け足し、場合によってはブチコワシになってしまいます。インターコースを挿入と訳さないで、相互関係と考えれば、関係をつくっていく手続きがセックスということになります。その手続きを早々とゴールにジャンプインする形で省略してしまえばただ野蛮なだけです。文明とかソフィスティケーションとかいうのは基本的には手続きの洗練にあるのですから。

ケダモノ君の時代は、いわば抑圧されていたものがやっと覆いをとられて、とにかくやれるということに無我夢中になった時代でした。それが、いつでもやれる、やったって、なんだ、これっぽっちのものか、どうやったって代わり映えのしないものだな、というふうになってしまえば、手続きのソフィスティケーションのほうに初めて付加価値がついてきます。それが大衆的なレベルにまで達したということでしょうか。

シルク下着の流行

最近、絹の下着がものすごい勢いで伸びています。ファッション業界はいまどこも過飽和状態で、マーケットのキャパシティの十倍ぐらいの生産量があるのではないかといわれているぐらいですけれども、ランジェリー業界のなかで、とりわけシルク・ランジェリーだけがここのところ倍々ゲームで、ものすごい急成長なのです。理由はいくつかあります。撚《よ》りの強いシルクの糸ができて、洗えるようになったことが一つ。洗えないと、クリーニング代がかさみます。だいたいスリップぐらいはともかく、パンティはとてもクリーニング屋には出せません。それから、中国のシルクが入ってきたので、単価が下がったことが一つです。それでも単品で三千円から五千円ぐらい、ちょっとした普通のパンティの大体三倍ぐらいの値段です。単価が下がったことと洗えるということ、それで伸びたことは伸びたのですが、もう一方でシルク下着を着ている女の人たちには「肌触りがよくて気持がいいわ」という実用目的のほかに、たしかにかくれた性的なニュアンスがあります。

友人がコンサルタントをやっていて、あるシルク・ランジェリーの店舗展開のマーケティングについて依頼を受けています。どんなターゲットがあって、どうディスプレーしてやっていけばいいかを調査しています。その店では、これまではどちらかというと、玄人相手にターゲットを展開していました。客を連れてきた水商売の女の人などが客にねだる、もしくは客のほうから買ってやろう、というのがこの店の傾向でした。

下着を贈るというのは、これも間接的な性器支配です。自分がまだものにできない女でも、一種の貞操帯のようなイメージを手渡して、所有物をラッピングしておく。だから下着を贈るということには特別な意味があります。バレンタインのお返しのホワイト・デーのパンティ・プレゼントもそうですが、あれは一種の性器のレジスターです。

シルクの下着はまだ単価が高いから若い人には手が出ないし、女性は自分ではそんなに買いません。それに、下着の中ではいちばん高価です。一点でも四、五千円しますから、トップスとボトムを両方揃えると一万五千円から二万円ぐらいする。それでも、たとえば

All's well that ends well. . .

Summer is sportswear time, which means you'll need lots of different ikinis and panties. Here's an ssortment to meet all your ardrobe needs and your budget - eautifully!

wo views of the pure cotton ikini by Maidenform - one a andard cut, the other a hipster r a smooth line beneath shorts nd slacks. Lace panel means ey're wearable for special occa-ons, as well as making every ay a bit more feminine. In hite and Nude.

ikini (5, 6, 7) No. 249-40209 4.50

ipster (5, 6, 7) No. 249-40409 4.75

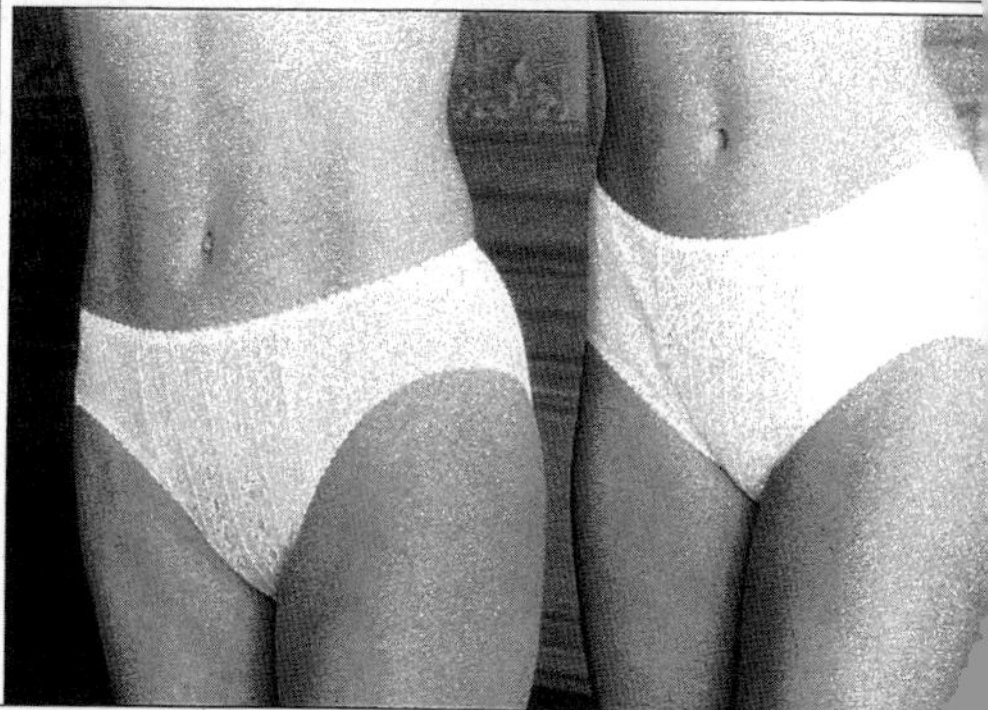

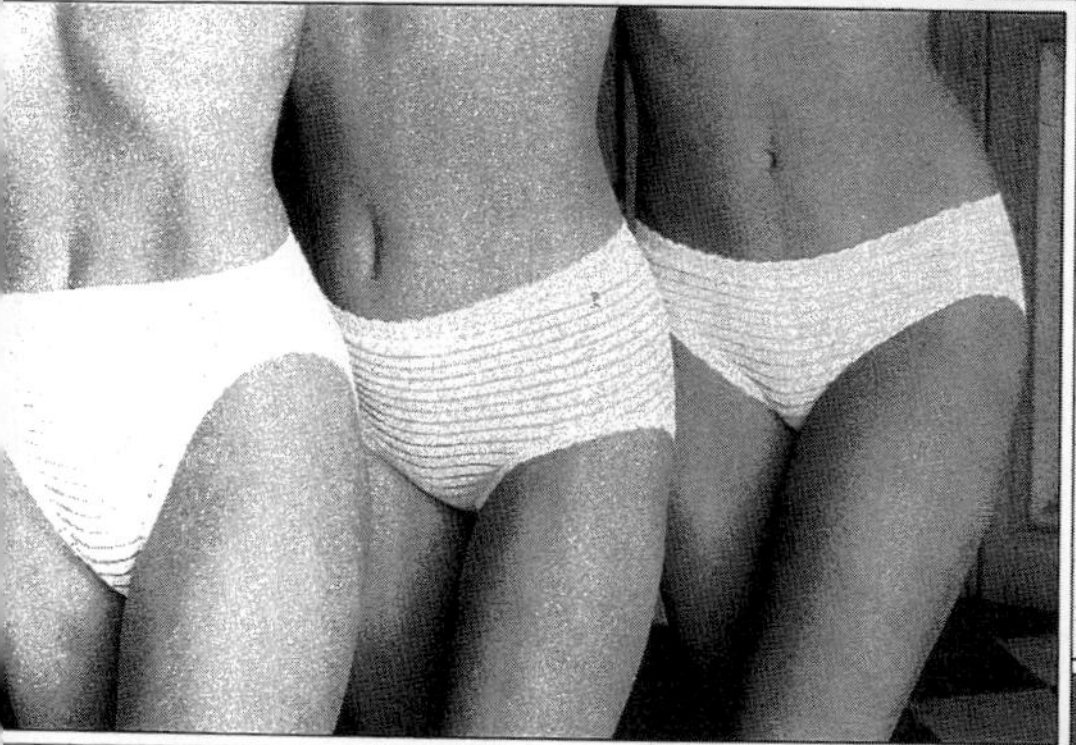

Candy stripes from Lily France, for the playful litt in you. Nothing childish a the fit or comfort of these charmers, blended with ju hint of lycra for shaping. Lavender, Aqua or Pink s on white.

High-cut Brief, created by of France for full coverage waist in back, and leggy a in front. (5, 6, 7)
No. 105-3421 $7

Hipster (5, 6, 7)
No. 105-3012 $6.50

French Bikini (5, 6, 7)
No. 105-3011 $6

Pure silk luxury priced for everyday!

シルクの誘惑――
終わりよければす
べてよし。すべて
の人にお手軽に…

can enjoy it luxury any ase. These you can both You always o wear silk you can. In Black and Nude.

String Bikini (S, M, L)
No. 248-3010 $9

French Bikini (S, M, L)
No. 248-3110 $9

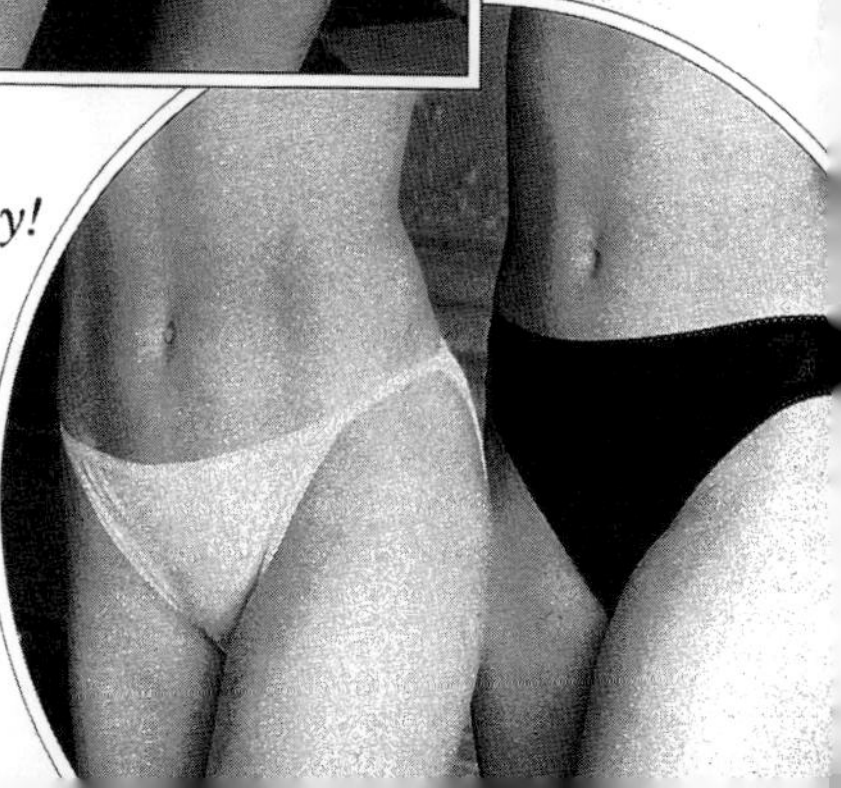

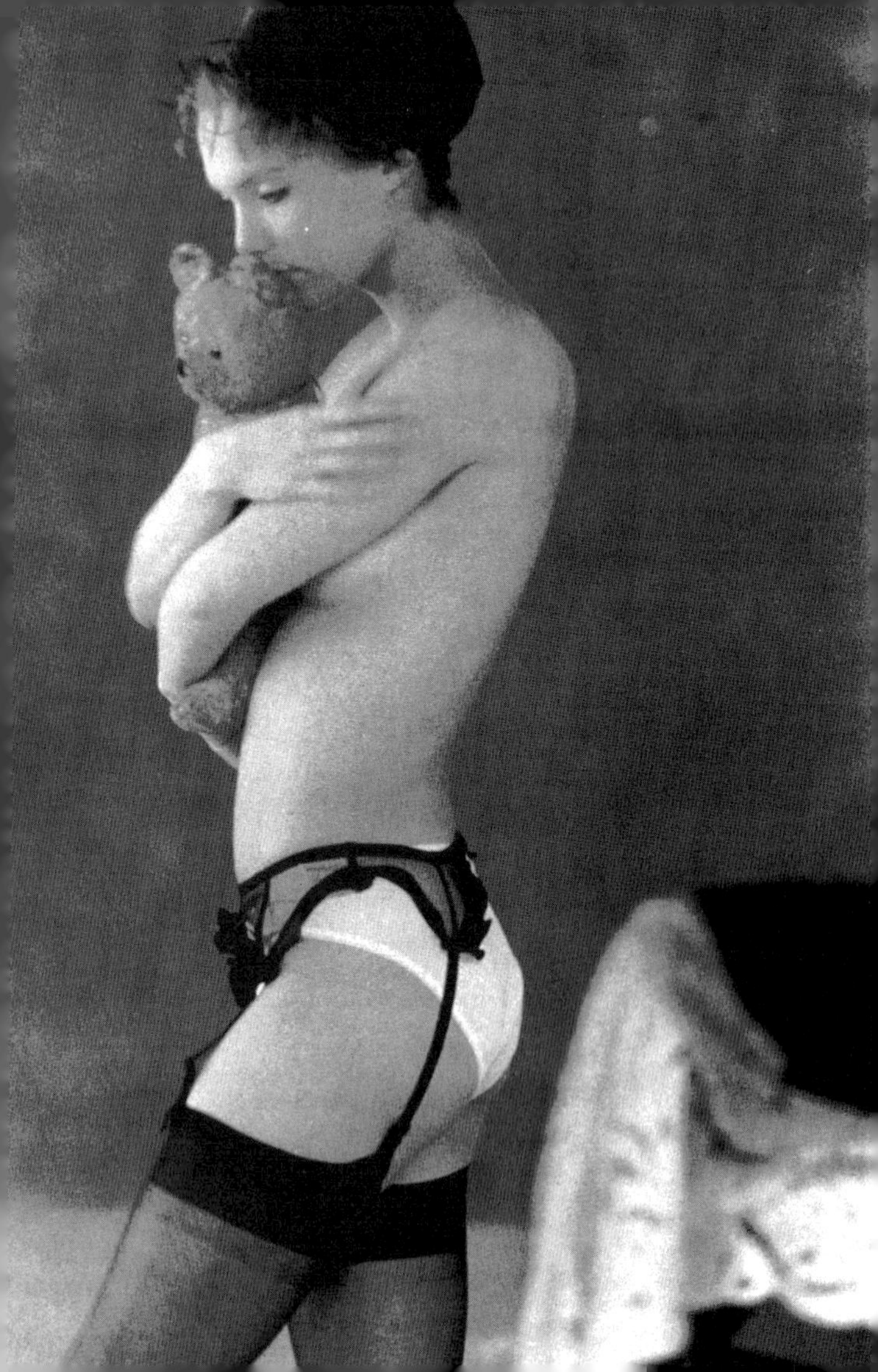

お洋服を買ってやろうとなると、もっとするでしょう。ランジェリーだと最高級品でもそのぐらいで収まるから、玄人の女性が酔客におねだりするにはちょうどいいプライス設定なのです。

絹の下着と女のオートエロティシズム

ところが最近、シルク・ランジェリーのマーケットに、素人衆の女の人たちが猛烈に増えてきました。ちょっともうアウターも飽きて、げっぷが出るほどあるし、という女性たちが、インナーに向かってシルクの下着にいっせいに手を伸ばしてきました。女性全体のファッション感覚が、オートエロティシズムというか、ナルシシズムの方向にこの十年ばかり向かってきていますから、当然インナーに目が向く。観客のいないナルシシズムという方向に向かって、普通の女性たちがシルクの下着を好むようになってきました。シルク・ランジェリーの伸びは、最初は玄人さんが領導したけれども、最近の増え方は素人衆が支えているのです。

そうすると、店舗展開もターゲットを変えて、素人衆が入りやすい清潔感のある店づくりにしないといけなくなってきました。普通の女性たちがシルク・ランジェリーを身に着けるようになった、あるいは自分のコレクションの中に一点は持って、身に着けないまでも満足感に浸る、ということをするようになりました。それは特別のときのために取っておく。ここ一番というときに身に着けて、ぱっと脱いだときにシルクのランジェリーを着ていて、「あっ、君、いいね」というふうに言われたい。つまり、そういうグレードの高い女だと思われたい。そういう情報がブランド情報誌からいっぱい入りますから、大変な勢いでシルク・ランジェリーの売れ行きが伸びています。

男はベッドで下着を見ない

ところが、それだけ女の子が手間とお金をかけて買っているシルク・ランジェリーやパンティを、男は脱がせるときに見ないという。見ないというのは、たぶん見ている暇がないのです。先程の座談会の最後のほうで、男たちが「あれだけ女の子たちが下着に気を遣って凝っているんだから、これからは僕たちももうちょっと時間をかけて脱がしてあげるとか、あるいは『君、それ、いいね』と言ってあげるとか、そういうふうに心遣いをしなければダメだね」とか言っている。でも、とりあえず性器に突入したいと思って、コトに及び始めた男女が、パンティを脱がせる手をとめて、性器そのものでなくて性器を覆うものに関心や愛着を示して、「君、これ、いいね」なんて言うとしたら、これは倒錯以外の何ものでもありません。

極端な想像をすれば、シルクのパンティを穿いている女の子のお尻をパンティの上からしげしげ撫でて「これって肌触りいいね」と男の子が言う。そうすると「そうでしょう」とか女の子が言う。女の子はパンティの肌触りを自分が感じていて、男の子もそれを外から撫でることによって感じていて、それでお互い満足してしまう。そうすると、ほんとうに男の手で触れられたら「あら、なんかずいぶんゴツゴツしていて気持悪いわ」というようなことになる。もっとも最近の男の子の手は柔らかいから、ほとんど絹のタッチかもしれません。でも、やっぱりシルクのタッチより人間の手のタッチのほうがもうちょっとひっかかったりするから、「これだったら、シルクのほうがまだましだったわ」というようなことになるかもしれません。男の子の方でも、サメ肌の女の子のお尻を撫でるより、シルク・パンティの肌ざわりの方がずっとよかった、なんてことになりかねません。パンティを脱がせないで永遠にシルクの下着を媒介にお互いが触り合っている、そっちのほうがずっと気持がいい、などというところに、もしかしたら行きついてしまうかもしれません。

これは冗談ですが、もしそうなると、セックス・アピールというものは、女のナルシシズムの中に完全に取り込まれていくことになります。

男の幻想と女の読み違い

男にとって女の下着、あるいは女にとって男に見せる下着というのは、写真とか、ストリップとか、のぞき部屋とか、ビニ本とか、ポルノ・ビデオとか、そこにあって見えるけれども手を触れることができない女とそれを見る男にとってだけ意味があります。脱がせることができる対象であれば、その女が穿いているパンティはとりあえず何の関係もありません。あっという間ですから。もちろん、大きなズロースなんかを穿いていれば興がそがれるかもしれませんが、花柄だろうが何だろうがたいしてちがいはありません。

女の下着とはもしかしたら本来はそういうものなのかもしれません。だとしたら、男がそのときパンティに性的な関心を示すだろうとか、そういうものに性的な喚起を受けるであろうということ自体が、ほんとうをいうと、女の側のカンちがいにすぎないということになります。

フェティッシュな男にとっては、性器の周辺にある、つまり性器と換喩的な関係にあるものだけが関心の対象であって、性器そのものの値打は下がってしまいます。ほんとうは、彼らは性器に到達したくないために、換喩的なプロセスを、防壁として、いくつもいくつも張りめぐらせているのです。だから、性器にではなくてパンティに関心を示す男というものは気持悪い存在です。そんなところで、はっと手が止まったりしたら、女のほうだってやる気がなくなってしまいます。

もっとも、もしかしたらランジェリー・ブームというのは、性器に到達するためのプロセスを長引かせる働きを作っているのかもしれません。それはコマ落としみたいにプロセスをきざんで、性器の直接性を遠ざけようとしているかのようです。ほんとうをいうと、現代の男も女も、性器には行きつきたくないのかもしれない、そんな感じがすることがあります。

男と女、致命的な落差

たぶんこのへんから、男と女のズレがかなり明確に落差として出てきます。性に関して女は完全に発展途上国ですから、やっといまごろケダモノ君になれた。男たちがケダモノ君から下りようとして、限りなく退行を始めようとしているときに、女がやっとケダモノ君に目覚めて目の色を変え始めているというのは、たんなる歴史的な時差なのか、それとも、男と女のもっと生理的な、本質的な違いなのか、それはよくわかりません。おそらくセックスを限りなくシミュレーションの世界に置き換えて、現実の方はギブアップしていくのでしょう。男性の退行的なセクシュアリティは、より攻撃的になった女性に対する女性恐怖と女性嫌悪の結果でもあります。二次コン（二次元コンプレックス）というのははっきり三次元の女が怖いということです。セックスの規範的なゴールが今では男の快楽から女の快楽に移ってしまいました。それを私は男性支配の逆説だと思っていますが、評論するのはべつな機会に譲りましょう。そうなると、ゴールに達したかどうかを決めるのは男ではなくなってしまいました。〝いいセックス〟は女が決めるのです。

そうなると女の側でアイデアル・ペニスに対する要求水準が高まってきます。ところがリアル・ペニスはアイデアル・ペニスに勝てないと、男たちは思い始めています。そうすると、女の子というのは、非常に禍々しい、自分を強迫する存在、「おまえは快楽というゴールを私に与えてくれるか」という強迫をつきつける存在になります。男の子たちは自分がアイデアル・ペニスの持ち主でありえないことはよくわかっていますから、限りなく退行していく。退行しながら現実からシミュレーションの世界にどんどん移行していきます。そうなれば、フェティッシュな手続きの値打がどんどん上がってきて、性器よりもパンティ、あるいはゴールよりもプロセスという方向にどんどんいくでしょう。それはもうほとんど不可避だろうと思います。

そういうときに、たとえば女の子が動物的なセックス・アピールという観点で下着を選んでいたとしたら、それはもう完全な見込み違いでしょう。もうそれは男に対してアピーリングではありません。むしろ男の子たちは、シミュレーションの世界で空白なものに向かう。つまり女性のボディの白ヌキとしてのパンティに向かっています。これは、限りなく自分に脅威を与えないもの、自分を去勢しないものなのです。だから一種の去勢恐怖ですけれど、ロリコンも同じものに根ざしています。

ロリコン・コミックの世界

大塚英志さんというフリーの漫画編集者が、ロリコン・アニメの世界は、アイドルを犯す、アイドルを性的に辱めるというのがモチーフですが、そのアイドルが最近は漫画の中のヒロインになってきている、と指摘しています。たとえば「うる星やつら」とか「めぞん一刻」とか、そういうコミックのヒロインをパロディの中で犯す。これがロリコン・コミックのテーマになっているというのです。

このように、現実の女の子からアイドルへ、アイドルからさらに完全に二次元の世界のコミックのヒロインへ、というふうに移っていく過程で、ますます人工的で、自分に抵抗しないような、自分が操作可能な客体にどんどん変わっていっています。ロリコン・アニメでコミックのヒロインを性的な辱めの対象にする男の子たちが、実際に女の子が目の前に現われたときに彼女を押し倒したりするかというと、本人たちはもっと平和な存在だ、というのです。

そういう形で、どんどん去勢恐怖に追い詰められた男の子たちの退行という現象が起きています。もうその男の子たちは現実の女の子に対してはすごく無力で無害な存在です。一人でたいへん陰湿なロリコン・アニメを読んでいても、金輪際レイプの犯人になったりはしないような、非攻撃的な男の子たちです。

ですから、ああいうロリコン・アニメが蔓延すれば子供たちの性的な欲望が掻き立てられる、などというPTAママ的な発想は見当違いでしょう。そこでは、ファンタジーの中で完全に世界が完結しています。はてしなく手続きが延びていって、はてしなく手続きが自立化していくということが男の側で起きています。

女の世界に広がるナルシシズムの王国

それはもう女の子と男の子のあいだで、埋めようがないほど断絶が深まっているというふうにいってもいいのですけれど、今度は逆に女の子の世界を見てみると、かつては男にとって性的に望ましい対象であるということによってはじめて女の肉体の値打が決まったものですけれど、いま女の子は、自分の肉体の値打を決めるのに、男の子の視線の媒介を必要としないようになってきています。いわばナルシシズムの王国の中で自分自身の肉体の値打を発見できるようになりました。

たとえばオナニー・ビデオで、バイブのようなメカを使って、実際の男が介入しなくても、たとえばそれを見られているというだけでオーガズムに達するというのが黒木さんの世界でした。ここでは、見られるということが不可欠なのです。けれども、もう、おそらく見られることも必要なくなってしまうかもしれません。

こうして、媒体なしのナルシシズムの世界が登場してくると同時に、欲望の性格が昔のように、女にとって性的な欲望が全人格の投入を要求するとか、全人生を変えるというふうな代物ではなくなって、人生のパーツにすぎない、あるいは人格や肉体のパーツにすぎないという切り離し方ができるようになります。

たとえば「このへんが痒いから掻いてよね」とか「お腹空いたからちょっとハンバーガー食べとこうか」みたいな形で、性的欲望のパーツ化が進んでいます。そういう意味では行動の面からも感覚の面からも、女の子の側では男性化が進んでいると言っていいでしょう。

これは嘆かわしいことでも何でもありません。セクシュアリティが人格の中核にあるとか、性的な欲望が人間の全人生を変えるとか、最初に寝た男が女の人生を刻印するとかいうことは、男性支配のとんでもない思い込みでした。男は根も葉もない神話をあの手この手で女に思い込ませただけです。男は最初に寝た女を忘れられないかというと、そんなことはありません。男も女も忘れっぽくて恩知らずの生き物ですから、目の前にあるものしか考えないで、その日暮らしをやっています。

根拠のない神話を男はあの手この手で女に思い込ませてきて、女はそれをこれまではまあ信じてきたのだけれども、我に返ってみたら嘘っぱちだったということがすぐにわかりました。だからようやく女の性的な現実が男なみになるところまではきた、ということでしょう。

女は性的発展途上国ですから、その抑圧がやっとはずれてみると、とりあえずカセット化した性器がそのつど覚える欲求というものを満たしてやらないといけない。「喉が渇いた、お茶を飲みたい、きのうはコーラを飲んだけど、きょうはウーロン茶を飲みたい」といったように。となれば、女の欲望が制度のチャンネルを通らないで溢れ出ていきます。だから、女ケダモノ君というのが出てきています。

オーガズム強迫症

しかしもう一方で、性的な規範が女に男と同じような強迫を、男と違う形で与えます。すなわち、性的なオーガズムがセックスという手続きが到達すべきゴールである、という強迫です。そうすると、女は「おかしい、おかしい、私はまだゴールに到達していない、私が味わっているのは、これは本物のオーガズムではないのではないかしら……」というような強迫に今度はいつも曝され続けます。

ただし、男性支配の構図の中では、女にはエクスキューズがあります。オーガズムというゴールに自分が到達しないということについて、かつての女たちは不感症と自分を責めましたけれど、現在の女たちは自分を責める必要がなくなりました。男を責めればいいのです。男が能動、女が受動という支配‐依存的な性の構図の中では、逆説的なことに女のオーガズムに責任があるのは男ですから。

しかし男を責めても、責めた男がそんなことにいちいち応じられるわけがありませんから、ひとつの解決法は、男を取り替えることです。これは本物のオーガズムではないから、どこかに本物のオーガズムを与えてくれるアイデアル・ペニスがあるにちがいない、あるいはアイデアル・マンというのがいるにちがいない——それは男を取り替える口実になります。ニンフォマニアの心理はそういうものです。こうしてほとんどの女たちにニンフォマニアのような遍歴が始まります。

アメリカで性革命が起きたとき、性の求道者たちの群が現われました。あの性の求道者たちが、過剰な性欲をもて余していた人たちだったとはとても思えません。アメリカ文化のよき理解者である亀井俊介さんは、『ピューリタンの末裔たち』の中で、性革命は、ピューリタニズムの逆説的な表われだと指摘しています。まじめなアメリカ人は、オーガズムという新しい性規範の求道にも、まじめだったのです。

性についても、規範の支配力はたいへん強いものです。そういう規範の中に生きてしまうと、「おかしい、私の現実は間違っている」となります。そうなれば、もうこれはたいへんなジレンマですが、セックスの規範的なゴール、つまり女のオーガズムを決めるのが女自身であるとしても、女自身も、これが本物のオーガズムだということが決められなくなってしまいます。

極端なケースになると、客観的にはそれがオーガズムだと感じられるようなものに到達している女性でさえ、他の女たちの告白録や宇能鴻一郎のポルノとかさんざん読んで、「おかしい、私の反応はそんなふうじゃない。私は別に失神もしないし、大声をあげたりもしない。そうすると、私はほんとうをいうと、まだオーガズムを経験してないのではないか」というふうに強迫的に思い込んだりします。そういう人に「いや、あなたはそうじゃないんだ」と、誰一人教えてあげることはできないし、本人でももう決められなくなってしまいます。

性の荒野

規範はあるけれども、誰もすでにそれを決めることができないような性の真空地帯の真只中に、男が退場しようとしているそのさなかに、女が乗り出してきたという感じです。乗り出したところにはもう男はいなかった、男はすでにそこを退場していた、というようなひどく深い断絶が生じているように思います。

女はますます攻撃的になり、要求水準が高くなっています。男にとっても女にとっても、こんな情報化の社会では、自分のセクシュアリティだけが情報環境から切り離されてユニークで個別なリアリティとしてそこにあるなどということはもう不可能な時代です。性の規範の拘束力というのは昔も強かったけれど、いまはまた別な意味でたいへん強く、情報化のせいでその浸透力も画一性も強まっています。セックスのアイデアル・モデルを文化は再生産しますから、そのアイデアル・モデルに強迫されて男たちは舞台から退場し、アイデアル・モデルに強迫されて女たちはそこに遅ればせながらひしめいて参入しているわけです。だから女たちの欲求不満は募るでしょう。アメリカだったらその欲求不満は直ちにレズビアニズムに向かうと思いますが、日本ではどうなるでしょうか。

なかにはナイーブで素朴で単純なケダモノ君たち、男の中の性の発展途上人たちもいると思いますけれど、性のアイデアル・モデルに強迫されて性の舞台に出てきた女の子たちにとっては、遅れて出てきたケダモノ君たちは自分の基準を満たしませんから、これは情容赦なく見捨てます。だから需要と供給にすごいアンバランスが起きると思います。

あとがき

一九八九年二月二十四日。〝御大葬〟の日。

冷雨の降りしきる東京千駄ヶ谷の、葬列の沿道に面した河出書房新社のビルで、眼下の葬列を見下ろしながら、私と編集者の小池三子男さんは、この本のために厖大な資料の中からヴィジュアル・サンプルを選んでいた。

パンティと天皇制。両者には奇妙な符合がある。どちらもワイセツなものにフタをしてかくす働きをする。逆に言えば、そこにあれば何でもない「裸の王様」にタブーというフタをすることで、かくされたものの価値を高めようとする。

私はパンティにこだわった。パンティにこだわる女にこだわった。女のパンティにこだわる男にこだわった。栗本慎一郎さんの言うように、人間は「パンツをはいたサル」だが、栗本さんはあとになってこのサルからパンツを脱がし、あまつさえ捨ててしまった。だが人間は基本的に「パンツをはいたサル」、しかも「パンツにこだわるサル」なのである。

あとになって私は、パンティに対する女のこだわりと、女のパンティに対する男のこだわりとの間の落差にも気づくようになった。男の下着にも関心が向くようになった。男が自分自身の下着の管理権を奪われていることにも。それは、女と男のセクシュアリティの非対称性と、ボディ・イメージの形成の落差を反映しているように見えた。

　一九八二年に処女（喪失）作で、カッパサイエンスの『セクシィ・ギャルの大研究』を出して以来、女性のボディ・イメージの形成は、私にとって一貫したテーマだった。「見る」「見られる」という視線の一方向性が固定した男と女の関係の中では、女ははじめから「見られるもの」として自分の身体像を形成していく。それは予め「見る主体」に従属しているから、女の身体は、自分のものであって自分のものでないのだった。拒食症が女の子に特有の心身症であったり、痩身からエステティックまで、〝ボディ・コンシャス〟な女の意識を見てみると、女がどのくらい自分の身体にとらわれ、身体に封じこめられているかがわかる。裏返せば「見る」側に立った男は、ひたすら視線と化して自分の身体像を失なっていく。女の身体像が予め奪われているという疎外の深さと、男の身体像の得たさとは、一対のものである。

　そしてそれは、女と男のセクシュアル・ファンタジーの非対称性と落差にもつながっているように見える。男は女が男を夢見るようには女を夢見ない。また男が女を夢見てるだろうと女が思う思いこみには、カンちがいがある。女と男の間のこの根本的なギャップの中に、女と男の間のすれちがいや悲喜劇がある。


　この本は難産の末に生まれている。

八五年に今は亡き前田愛さんが、私をある叢書に誘って下さった。そこでは前田さんが

「自転車」、私が「下着」をテーマに、ヴィジュアル主体の文化史風のムックをつくる予定だった。私は早速資料あつめにとりかかったが、諸般の事情で冬樹社企画のこの本は流れてしまい、厖大な資料はお蔵入りになった。前田さんが企画会議で見せて下さった袴姿の女学生が自転車にまたがっている明治時代の錦絵は、今でも私の目に灼きついている。前田さんが抱いていたあの資料とアイディアは、日の目を見ずに終わってしまった。

一九八七年ポーラ研究所の『ｉｓ』に下着特集をやるからと、編集者の山内直樹さんに寄稿を依頼された時、私の念頭にあったのは、流産のうきめに会ったこの企画と資料だった。私は十四枚の原稿をわたしたが、山内さんはひと目で、この原稿がふくらませばもっと長くなる性質のものであることを見抜いた。「スカートの下の劇場」と題するこの時の原稿は、この本の序におさめられている。

山内さんが紹介してくれた河出書房新社の小池三子男さんに、私は、こともあろうに、書き下ろしを書く時間は一切ありません、と言いはなった。目の前の他の仕事に追われていた私は、このアイディアを月足らずの胎児を抱くようにかかえたまま、見送るはずだった。「それなら聞きとりをやりましょう」と、小池さんは申し出てくれ、私の無体な要求の結果、小池さんと私との、半年間にわたる密室トークが始まった。小池さんが私に水を向ける。それに触発されて私は長いかたりをつむぎ出す。ところどころに彼は適切なコメントや疑問をはさむ。私はいつのまにか夢中になって、自分を語り、彼のことを聞き出している。まっ昼間のラウンジで、他の客がいる場所のこともあった。他人が私たちの話の内容を漏れ聞いたら、いったい何だと思っただろう。

小池さんは、男だけれど、この本のほんとうの産婆役を果たしてくれた。この本は、ほとんど小池さんとの合作と言っていい作品である。

小池さんのほかにも、前田愛さんや山内直樹さんなど、本書にはたくさんの産婆さんがいる。下着デザイナーの鴨居羊子さんには、インタヴューや下着ショップの紹介などでお世話になった。ＣＤＩからは服飾史関連の資料をお借りした。ワコール服飾文化研究所では貴重な収蔵品を見せていただいたし、広報課からは厖大な資料の提供をいただいた。資料の収集に協力してくれたアメリカの友人たち、聞きとりに応じてくれた私の学生や友人たち、写真資料を貸して下さった伴田良輔さん、ヴィジュアルを大胆に処理してくれたデザイナーの鈴木成一さんにも、感謝したい。たくさんの方たちのおかげで、この本は流産せずにこの世に誕生した。

一九八九年八月　信州の高原で

文庫版へのあとがき

女であることは、謎である。

男にとって女が謎だというだけではなく、女自身にとって女であることは謎である。女とはこういうものだと男がおしつけるあれこれの思いこみをとり払ったあとで、なおさら女であることは謎のまま、残されている。

百人の女がいれば、百とおりの女のあり方がある、と言ってみてもいい。性差より個人差、と言ってみてもいい。だが、それでもなぜ、わたしは男ではなく女なのか。女であることは、男であることと、どう違うのか。

女の自己意識の検証を、男の眼を介さずにやってみるとどうなるか。自己意識（自分自身に関係する自分の意識）は、とりわけ自己身体との関係の中に、直接的にあらわれる。見られるものとして、身体性の中に呪縛されてきた女の場合にはことさらだ。男の眼が男の関心の角度からだけ切りとる女の身体について、女自身の自己意識のあり方を男の死角からとらえてみたら何がわかるだろうか。

――あとになって自分がやったことに言わずもがなの「解説」をつけくわえるとすれば、こういうことになるだろうか。『スカートの下の劇場』という、〝煽情的〟なネーミングのおかげで——「卓抜なコピー」とほめていただいたりもした——爆発的に売れた本書に、もしシリアスなるタイトルを与えるとすれば「女性の自己身体意識の構成について On Construction of Women's Self-Consciousness of the Body」とでもなっただろう。それに「下着の歴史を通してみた Through a History of Underware」が付け加わる。

本書は、たんなる内省的思弁の産物ではない。データの出所はそれと示してないが、かなり広い範囲にわたる女性や男性のインフォーマントへの聞きとりにもとづいている。関連資料の収集も、相当数にのぼった。

と同時に、データを処理する際の私自身の独断や偏見も多く含まれている。本書に対する反発の多くは、第一に「下半身」というそれまでタブー視されていたテーマを扱ったことと、第二に、私の独断や好みに対する異論という形をとった。「下半身」を陋劣だと思っているのはあなた自身だというのに、下半身を論じたというだけで、何故その仕事が陋劣だということになるのだろう。女の身体に向けられた男の関心を問題の俎上にのせたというのに、なぜそれだけで「男の関心に迎合した」ことになるのだろう。それどころか、男のカン違いと無知を指摘しているというのに。

後者については、異論は「おまんこシスターズ」に集中した。男を媒介にした女の間の対立ばかりが強調されるときに、男を共有しあった女同士の友情の可能性を私は指摘してみたかった。もちろん、ヘテロ女（異性愛者の女）の限界つきで。それに対しては、「わたしはそう感じない」「わたしはあなたと好みが合わない」と言えばすむことだ。

予期したとおり、レズビアンの女性からの反論を受けた。[1] それに対しては、べつに応答したのでそちらを見てほしい。[2] もちろん、「男の媒介なしの女の友情を考えられないのはヘテロ女の限界だ」というのはまったくそのとおりだし、「男の媒介なしで女のシスターフッドは可能だ」という意見には、私は百パーセント同意する。

もし、本書が「女であることの謎」を解くことに、何がしかの貢献をしたとすれば次の二点にあるだろう。一つは、女のセクシュアリティと男のセクシュアリティの間にははっきりした非対称性があること。女のセクシュアリティは男のようではない。だから「男のすることを女もして」みても、あるいは性愛の構図の中で男を女と入れかえてみても、ムダである。男が買春をするようには女は男を買わないし（女の買春は、あったとしても男の買春とは非常に違っている）、男が女性性器に視覚的に興奮するようには女は男性性器を見ても視覚的に興奮しない。この非対称性は男女関係の中に深く埋めこまれていて、立場を入れかえさえすればくつがえるほどかんたんなものではない。[3]

もう一つは、その一方でセクシュアリティにはどんな「本質」も「自然」もなく、歴史的な変化をこうむること。下着の歴史を見てもわかるように、この半世紀の間に、日本人の下着は短いタイムスパンであっけなく変わっている。その意味で、セクシュアリティという無形の対象に分け入るのに、下着という実体的な媒介を手がかりにしたことは、有効な戦略だったと思う。

本書が出てからさまざまの評をいただいた中で、国立民族学博物館の栗田靖之氏からいただいた「これは下着を通してみたセクシュアリティの文明史ですね」という評が、もっとも的確でうれしいものだった。

本書の刊行後に、M君事件[4]が起きた。男性のセックスの現場からの撤退と、フェティシズム化という終章の予測を裏づけるような事件だった。その後、セックスレス・カップルの増加が囁やかれるなど、セクシュアリティはたえず変化している。歴史的な研究は何がしかの予測を含むものだが、文庫版の読者は初版刊行後三年の間に本書の予測が当たったかどうかを点検するたのしみを味わうだろう。もちろん、あなたが私の観察に異論を持つのは大いにかまわない。「本質」や「自然」という言葉さえ使わなければ、セクシュアリティもあらゆる歴史の対象物同様、どんな議論に対しても開かれているのだから。

上野千鶴子

一九九二年九月

〈注〉

（1）掛札悠子『レズビアンであるということ』河出書房新社、一九九二年。

（2）上野千鶴子「セクシュアリティは自然か」季刊『文藝』一九九二年秋季号、河出書房新社。

（3）ただしこの「非対称性」は歴史的社会的に形成されたもので、小浜逸郎氏がさまざまな著作で言うように男女関係に「本質的」なものではない。私が男女のセクシュアリティの間に「非対称性」を認めているからと言って、上野は自分と同じ意見だとカン違いされるのは迷惑である。セクシュアリティにどのような「自然」も「本質」もない。私はその「本質」（とされるもの）がどのように形成されるか、を問うているのである。

（4）一九八九年に全国を震撼させた宮崎勤の連続幼女誘拐殺人事件。

自著自解——上野千鶴子によるウエノチズコ

本書の初版が一九八九年。今から三十年前のことです。

この本を書いたころ、わたしは三十代でした。三十年経って読み返してみると、その時の自分と今の自分とのあいだに「同一性（アイデンティティ）」があるかどうかは疑わしいと感じます。「わたし」は変化しているからです。今ならこうは書かないな、と思うところも多々ありますし、まちがいや偏見もあります。「三十年前の自分」は、「自分」というより、「別人」という方がふさわしいかもしれません。

著者というのは、テキストを上書きする権利を持つ唯一の個人ですが、なんどかその誘惑にさらされそうになりながら、思いとどまることにしました。そうすれば本書を大幅に書き直さなければならなくなるからです。

作家のなかには、自分の作品を全集に収めるまで、テキストに手を入れ続けるひともいます。それができるのは著者だけです。ですが、三十年といえば、一世代分の時間。無知も限界も含めて、ひとつの「歴史資料」として、「別人」ウエノチズコが書いた書物を残すことにしました。ですから最低限の誤りの訂正や表現の手直し以外には、本書のテキストに変更はありません。三十年の間、本書は文庫として、絶版にならずロングセラーとなってきました。三十年経って本書が新装版として再刊されることは、本書が「歴史資料」として価値があることを意味しているでしょう。

だから本書の読者にお願いしたいことは、本書が三十年前の現実を論じたものであることを忘れないように読んでほしいということです。そしてこの三十年間の変化を、感じとってほしい、ということでもあります。そして変化したことと、変化しなかったこと、著者の予測が当たったことと当たらなかったこととを、点検する楽しみを味わってください。

本書は、じゅうぶんに統制された仕方ではありませんが、経験的リサーチにもとづいて書かれています。人類学的、歴史的、同時代的な観察をもとに、その経験的事実から何が読み取れるか、考えぬくというかたちで書かれています。あなたはかつての「事実」にあきれはててもかまいませんが、それが近過去にあったことは、覚えておいてください。

ここでは解説家ふうに、二〇一九年の上野千鶴子が、一九八九年のウエノチズコの著作を論じるという試みをしてみましょう。そして解説とはつねに、後から来た者の特権にほかなりません。

まず本書の歴史的意義について。

本書は発売後ただちに二十万部を突破するベストセラーになりました。その後、版を重ねて文庫版まで入れると累計三十五万部に達しています。理由は類書がなかったからです。第一に下ネタ本だから売れた、という説があります。第二に、しかも女が書いたせいで付加価値がついた、とも言えます。

タイトルの付け方がうまい、とも言われました。煽情的なタイトルのおかげで売れた、と。しばしば「スカートの中の劇場」とまちがえられましたが、最近の盗撮事件に見るように、男は女の「スカートの中」に関心を持ち続けるものだからです。

今でこそセクシュアリティ研究は学問の分野のひとつになっていますが、当時は学術の世界で下ネタを扱うのはひんしゅくものでした。セクシュアリティという概念すらようやく人口に膾炙し始めた頃で、セックスとセクシュアリティの違いもよくわかっていませんでした。下半身に関するテーマを扱うだけで、「好事家」と思われました。周囲から「あなたもスキねぇ」と言われて、「ええ、スキやねん」と返していました。フーコーの『性の歴史』以後、明らかになったのは、セクシュアリティは自然でも本能でもなく、したがって社会と文化によって変化するものであり、「下ネタ」は実は「下半身」に属するどころか、上半身は大脳の妄想系に属するものだということでしたが、こういうセクシュアリティ観は、今日に至ってもじゅうぶんに定着しているとは言えません。

女が下ネタを扱うハードルは、さらに高いものでした。文学の世界では、若い女性作家たちが「大胆な性描写」で耳目を集めていましたが、それだってひんしゅくものでした。セックスは男の独占物でした。「性の客体」である女は、「性の主体」である男たちによって、描かれ、論じられ、評される側にいて、自ら発言することは期待されていなかったのです。だからこそ、女のタブー破りは話題性を呼びました。

著者は当時、年長の女性研究者から「最近、男に媚びて下ネタで売り出した若い女性学者」と呼ばれました。さる先輩の社会学者からは「学界の黒木香」と異名をたまわりました。黒木香とは、当時「高学歴AV女優」として人気のあった女性です。もちろん名誉な称号ではありません。ですが「ヘアヌード禁止」という奇妙な倫理コードを逆手にとって、たかだかと腕を上げて脇毛を見せることで「脇毛の女王」と呼ばれた黒木さんと同じく、意表を衝くしかたであえてひんしゅくを買う点を、評価されたのかもしれません。

ですが、読んでいただければわかるように、本書は男にとって不快な情報がたくさん含まれています。フェミニズムもジェンダーも使われていないばかりか、セクシュアリティという用語すら使われていないのに、本書は経験的データにもとづく、ジェンダーとセクシュアリティについての、れっきとした研究書なのです。

内容に踏み込みましょう。

本書の歴史的意義の第三は、セクシュアリティの歴史的変化のスピードの速さを指摘した点にあります。わずか三十年で、本書の指摘の多くがすでに古くさく感じられることを、読者は経験するでしょう。今どき自分の下着の洗濯を母や妻に「禁止」されている男性は少ないでしょうし、それどころか自分の下着ばかりか妻の下着まで洗うことが自分の役割だという夫だっています。それには洗濯から乾燥まで一気にやってくれる全自動洗濯機の登場というテクノロジーの進化が背景にあります。洗って干すという労働がなくなれば、女物の下着を外に干すことへの男の抵抗感もなくなります。それに男の家事労働への参入は、家事のロボット化によって、熟練を要求されなくなったという、参入障壁の低下にも原因があります。こういう変化は、環境条件の変化によって、わりあいにあっけなく起きるものです。

それだけでなく、三十年という時間は一世代。デカパンからブリーフへ、ブリーフからさらにトランクスへ、と変化した男たちが、家庭を持って父親になっていった時間です。ユニクロへ行けば今やカラフルな男物のトランクスが、大小大人向けも子ども向けも並んでいますし、父と息子がそれを選ぶシーンは当たり前になりました。他方で小家族化と家庭浴槽の普及で、男の子が人前でパンツを脱ぐ機会は激減しました。そのせいで、男子トイレで並んで立ち小便のできない男の子や、修学旅行で他の男子と一緒にお風呂へ入れない男の子も出てきたといいます。そのため、男児の性器チェックが遅れ、包茎が増えているとも聞きます。

セクシュアリティの変化は、メディアやテクノロジーや家族の変化に伴って、思ったよりもあっけなく、短期間に起きます。本書に描かれたエピソードが「化石時代」のことのように読めたとしたら、それが証明されたことになるでしょう。

第四に、読み返してみて改めて思うのは著者がこれでもか、と男女のセクシュアリティの「非対称性」を強調していることです。当時はまだ、日本にバトラーもセジウィックも紹介されていませんでした。ジェンダー非対称性は、ジェンダー概念の核心にあります。男女の項を入れ替えてもジェンダー平等は達成されない、という理論的含意を持つからです。

男女平等や男女同権を言い立てる女性に対して、男が短絡的に持つ理解は、そうか、ボクらと同じになりたいのか、そんなら女を捨てろ、とか、男が女を買うのがそんなに不愉快なら、キミたちもカネで男を買えばいい、そういう男たちだっているのだから、というものです。男たちは「平等」を、よほど自分たちの間尺でしか理解できないようです。

これに対して、ジェンダー非対称性は、項を入れ替えても差別はなくならないということを明快に説明します。「ボクらのようになれ」というのは、差別されるのがそんなにイヤなら、オマエたちも差別者になれ、というようなものだからです。この男仕立ての「男女平等」理解（その実、「誤解」というべきですが）を受け入れて、フェミニストを「男のようになりたいバカな女たち」と侮蔑する若い女まであらわれました。もしフェミニズムを「男のようになりたい女たち」の思想だと見なせば、たしかにそのとおりでしょう。だからわたしは、誤解を避けるために、フェミニズムを「男女平等思想」とは訳さずに、「女性解放思想」と呼んでいます。

このジェンダー非対称性について、後に著者は『女ぎらい』（紀伊國屋書店、二〇一〇年／増補新版、朝日文庫、二〇一八年）でこくめいに論じていますから、参照してください。ですがそのためには、二十年にわたるフェミニズム理論の蓄積が必要でした。

このジェンダー非対称性は、男女の性的主体化のなかにふかく身体化されて埋め込まれています。ジェンダー平等は、この非対称性を解体することなしには達成されません。性的少数者と呼ばれるひとびとの実践は、セクシュアリティのなかにあるこのジェンダー非対称性の境界を揺るがす実践でしょうが、それがあいかわらずトランスジェンダーのように「男でなければ女／女でなければ男」のジェンダー二元制のもとにある限りは、「異性愛主義の副産物」といわざるをえないでしょう。

次に本書の歴史的限界について。

読めばわかりますが、本書は異性愛の女の視点で書かれています。本書のなかでもっとも物議をかもしたのは「オマンコ・シスターズ」という呼び名でした。「文庫版へのあとがき」にも書きましたが、今では女同士の友情に異性愛を媒介にする必要はない、と断言することができます。ですが、少年マンガ全盛時代に、「友情」は男の独占物、女同士のあいだには、嫉妬と対立しかない、と思われていたことを思い出してください。異性愛の女同士のあいだには、と付け加えましょう、あとになってセジウィックはホモソーシャル・ホモフォビア・ミソジニーの三点セットを理論装置として、ホモソーシャルな男性集団に対して、女性は「男に選ばれる指定席」を求めて、潜在的につねにライバル関係にあるから、という卓抜な説明を与えました。「オマンコ・シスターズ」とは、男をめぐる女性同士の潜在的な葛藤を、シスターフッドに転換するための概念装置だった、と今になっては言えるでしょう。

ですが、もうひとつ物議をかもしそうな表現、「同性愛は異性愛の歴史的な副産物である」という命題を、著者は今日に至るまでとりさげる必要を認めません。なぜなら今では「強制異性愛規範 heteronormativity」と呼ばれるようになった性別二元制が歴史的に確立したからこそ、それからの逸脱として「同性愛」が概念化されたからです。もし異性愛規範が解体したら、同性愛はもはや同性愛と呼ばれる必要もなくなるでしょう。もし今日わたしたちがLGBTQの運動によって異性愛規範を揺るがされる歴史的な転換期にあるとしたら、その後に登場するセクシュアリティがどんなものか、その後にも「性的身体」というものは成り立つのか、成り立つとしたらどのようにしてか、を予測することはできません。おそらく本書で論じたオート・エロティシズム（自己性愛）という概念がキーワードになるだろう、という直観はありますが。

最後に本書の予測について。三十年という時間は、それが当たったかはずれたかを判定するにじゅうぶんな歴史的時間と言えます。

著者は「男性の女性化」と「女性の男性化」という表現で、男性の性からの撤退と女性の性への参入を予言しています。もっとかんたんに「ジェンダー差の縮小」と呼んでもかまいません。性産業の規模を統計で測ることは困難ですが、その後のメディアの急速な革新によって、セックス産業のボリュームゾーンがメディア系にシフトした（つまり生本番よりも表象系へ）ことを見ると、男性の「三次元」から「二次元」への「撤退」は当たっていたと言えるかもしれません。ＡＶは「抜くためのオカズ」、つまりマスターベーションのためのツールですから、生のインターコースよりも、バーチュアル・セックスの産業規模の方が大きそうです。それを裏付けるように、日本性教育協会が継続して実施している青少年の性行動調査によれば、近年性交開始年齢の低年齢化は底を打ち、上昇に転じているといいます。大学生の性行動調査でも、卒業まで童貞の男子の割合は増加しています。反対に女子の性交経験率は上昇して、ジェンダー差は相対的に縮小してきました。

　とはいえ、同じようなメディアの技術革新によって、それまで特定のゾーンに囲い込まれていた売買春の範囲が、買い手においても売り手においても拡大したと考えれば、実は性の商品化市場の規模は、かつてよりも広く、深いかもしれません。事実九〇年代の買春調査によると、当時三十代だった男性の「金でセックスしたことのある」割合は、当時七十代の男性の「赤線」経験率よりも高かったことがあります。渋谷や池袋にたむろする少女たちに、三十代のミニおやじが、「キミ、いくら？」と声をかけていた時代でした。逆に女性の側からいえば、「お金でセックスしたことがある」割合の裾野は拡がっていることでしょう。見ず知らずの男とセックスして、翌朝枕元にキャッシュを発見すれば、それだって売春と言えます。ネットで「今晩泊めて」と求めるだけで、男が寄ってくる時代には、それも広い意味の「性の商品化」と言えないこともありません。そしてこういう意味での「性の商品化」市場は、たとえ金銭の授受を伴っても、税務署にも捕捉されませんし、統計にもあらわれません。

本書で著者が「性の発展途上国」と呼んだ女性たちは、その後どうなったでしょうか？男たちは、女には「性と愛の一致」を、自分たちには「性と愛の分離」を課すという「性の二重基準」を生きてきましたが、女の側でも「性と愛の分離」が起きたという点では、「女性の男性化」という予測は正しかったと言ってもよいでしょう。フーコーの言うセクシュアリティの近代の装置、すなわち結婚のもとでの愛と性と生殖の三位一体（これを「ロマンチック・ラブ・イデオロギー」と言います）は、ウルトラC級のトリックというほかありませんでしたから、これが分離して、愛と性が別々なものと見なされるようになったのは、もともと別だったものがあたりまえに別になったのだから、それ自体は健全な変化というべきでしょう。

女にとってセックスのハードルは確実に下がりました。「初夜」というコトバは死語になり、「婚前交渉」はあって当然になりました。わたしが驚嘆したのは、一九九三年に時の皇太子が雅子さんと婚約したとき、保守系メディアを含めてすべてのメディアが、彼女の処女性を少しも問題にしなかったことです。セクシュアリティの歴史的転換を示すできごとでした。

そのあと、「できちゃった結婚」こと妊娠先行型結婚が四組に一組といわれる時代が来たのですから、妊婦の花嫁は「ヴァージン・ロード」など歩いてはならないのです。セですが、性と愛の分離が女たちにもたらした変化は、どんなものだったでしょうか。

ックスのハードルはいちじるしく下がったのに、そのセックスは少しも解放的に見えません。

わたしの眼には、愛より前に性を知った女の子たちが、あいもかわらず、いや、もっとむきだしのかたちで、男仕立てのセクシュアリティの装置に巻き込まれていると見えます。たびかさなるストーカー被害、十代の少年少女のあいだのデートＤＶ、のぞまない妊娠と中絶の低年齢化など、旧態依然とした男女関係が再生産されているとしか思えません。ＤＶやセクハラの件数が増えているのは、申告件数が増えているということですから、それを受忍しない女性が増えているよい徴候ととらえることもできますが。

しかし、あいかわらず、女性のセクシュアリティのジェンダー非対称性、すなわち「主体的な客体化」は、ねぶかく身体化されていると思わないわけにいきません。ＡＶのようなニュー・メディアが登場すれば、容貌のみならず巨乳のような「外見の政治」は、かつてより強まったように見えますし、自ら進んで「見られる身体」であることを志願する女性も後を絶ちません。かつてなら年齢と共に退場することのできた「性の客体化」からも、「美魔女」のように加齢によっても降りない／降りられない女たちも登場します。エステとダイエットは女たちの身体の自己規律訓練として、巨大な市場を維持しています。それは現実の男の視線のないところでさえ、女を自己統治するほどに強力なのです。

以上の著者の予測は当たったでしょうか、はずれたでしょうか。そして著者の想定外の変化はあったでしょうか。

想定外の変化といえば、セクシュアリティの「主体的な客体化」を通じて男の承認に依存してきた女性が、これからは減るだろうと思っていた予測はみごとにはずれました。思えばフェミニズムは、自分が自分であるために、男の承認なんかいらない、と唱えてきた思想でした。ですがあいもかわらず、男の承認に依存しないでは自分でいられない女たちが、若い世代のあいだでも再生産されています。男による承認のもっとも社会的に正統化された形式が、結婚です。男に正式に選ばれたこと、男社会のなかに正統な指定席を得た事実を、これほど明示的に示すステイタスはありません。DV妻たちがあらゆる困難に耐えても「妻の座」を手放そうとしないのは、この「指定席」から降りるのが怖いからではないか、とわたしは感じてきました。ですが、この三十年間で、「おひとりさま」が例外的とは言えないほどに増えたこと、結婚の外にいる女性のスティグマが減少したことは、これも「想定外」の、こちらの方はよき変化かもしれません。

本書の後の「この三十年」の空白を埋めるのは、もはや著者の役目ではありません。そしてこれから後の三十年を予測することも。それは読者のあなたの手に委ねられています。そタブーはいつかは破られ、非常識は常識となり、逸脱は通常になります。ですが、それは、ひんしゅくを買いながらも、ひとつひとつささやかなタブー破りの実践をしていった者たちの足跡のおかげであることを、少しは思い出してほしいものだと、本書から三十年経って高齢者になった上野千鶴子は、付け足したい思いです。
最後に、本書をこの世に送り出してくれた二人の「産みの親」、今はなき雑誌『ｉｓ』の名編集者、山内直樹さんと、初版を語り下ろしでつくろうと提案してくださった小池三子男さんに、あらためて満腔の感謝を。そして本書を改めて新しい読者に向けて送り出そうとしてくださる藤﨑寛之さんにも感謝を。書物がすぐれた編集者の伴走なしでは成立しないことを、改めて感じる機会でした。そして書き手としてのわたしが、よき編集者に恵まれたことを、神に（もしいれば）感謝したい思いです。

二〇一九年四月　今年もまた巡ってきた桜の季節に

著者

本書第一刷において、２２９頁の記述に誤りがあり、山内直樹さんに多大なるご迷惑をおかけいたしました。記してお詫び申し上げます。（上野千鶴子／河出書房新社編集部）

本書は一九八九年八月に小社より単行本として刊行されたものです。

スカートの下《した》の劇場《げきじょう》

ひとはどうしてパンティにこだわるのか

一九九二年一一月四日　初版発行
二〇一九年五月二〇日　新装版初版発行
二〇一九年七月二〇日　新装版2刷発行

著者　上野《うえの》千鶴子《ちづこ》
発行者　小野寺優
発行所　株式会社河出書房新社
〒一五一―〇〇五一
東京都渋谷区千駄ヶ谷二―三二―二
電話〇三―三四〇四―八六一一（編集）
〇三―三四〇四―一二〇一（営業）
http://www.kawade.co.jp/

ロゴ・表紙デザイン　粟津潔
本文フォーマット　佐々木暁
本文組版　株式会社キャップス
印刷　株式会社暁印刷
製本　小泉製本株式会社

Printed in Japan　ISBN978-4-309-41681-6

結婚帝国

上野千鶴子／信田さよ子　41081-4

結婚は、本当に女のわかれ道なのか……？　もはや既婚／非婚のキーワードだけでは括れない「結婚」と「女」の現実を、〈オンナの味方〉二大巨頭が徹底的に語りあう！　文庫版のための追加対談収録！

彼女の人生は間違いじゃない

廣木隆一　41544-4

震災後、恋人とうまく付き合えない市役所職員のみゆき。彼女は週末、上京してデリヘルを始める……福島－東京の往還がもたらす、哀しみから光への軌跡。廣木監督が自身の初小説を映画化！

性愛論

橋爪大三郎　41565-9

ひとはなぜ、愛するのか。身体はなぜ、もうひとつの身体を求めるのか。猥褻論、性別論、性関係論からキリスト教圏の性愛倫理とその日本的展開まで。永遠の問いを原理的に考察。解説：上野千鶴子／大澤真幸

私のインタヴュー

高峰秀子　41414-0

若き著者が、女優という立場を越え、ニコヨンさんやお手伝いさんなど、社会の下積み、陰の場所で懸命に働く女性たちに真摯に耳を傾けた稀有な書。残りにくい、貴重な時代の証言でもある。

あなたを奪うの。

窪美澄／千早茜／彩瀬まる／花房観音／宮木あや子　41515-4

絶対にあの人がほしい。何をしても、何が起きても――。今もっとも注目される女性作家・窪美澄、千早茜、彩瀬まる、花房観音、宮木あや子の五人が「略奪愛」をテーマに紡いだ、書き下ろし恋愛小説集。

私の小さなたからもの

石井好子　41343-3

使い込んだ料理道具、女らしい喜びを与えてくれるコンパクト、旅先での忘れられぬ景色、今は亡き人から貰った言葉――私たちの「たからもの」は無数にある。名手による真に上質でエレガントなエッセイ。